L'épave

L'auteur

Gordon Korman est né en 1963 à Montréal, au Canada. Il commence à écrire à l'âge de 12 ans, et ne s'arrête plus... Il a désormais publié près de 45 romans pour les jeunes adultes et les enfants, et a obtenu des prix pour plusieurs d'entre eux ! Sa trilogie *Naufragés* a connu un très grand succès en Amérique du Nord. Il vit désormais entre New York, Toronto et la Floride.

Du même auteur, dans la même collection

NAUFRAGÉS

1. La tempête
2. La survie
3. L'évasion

EVEREST

1. Le concours
2. L'ascension
3. Le sommet

PLONGÉES

1. L'épave
2. Le trésor
3. L'émeraude

Gordon Korman

PLONGÉES

L'épave

Tome 1

Traduit de l'américain par Natacha Godeau

POCKET
jeunesse

Titre original :
Dive
Book one : *The Discovery*

Loi n° 49 956 du 16 juillet 1949 sur les publications destinées à la jeunesse : octobre 2005

Published by arrangement with Scholastic Inc., 557 Broadway, New York, NY 10012, USA.

ISBN 2-266-14049-3

Pour Ron Kurtz,
« Bubble Blower Extraordinaire »

8 SEPTEMBRE 1665

Une forte explosion secoue le Griffon, *et le jeune Samuel Higgins comprend aussitôt que le sort du navire est scellé.*

« Mourir à treize ans, non, pas déjà... » soupire le mousse.

Le grand mât s'écroule sous ses yeux dans une gerbe d'étincelles. La grand-voile transformée en un mur de flammes rugissantes s'affale sur un trésor amoncelé : coffres d'or et de bijoux, lingots d'argent, rangées de perles se dispersent sur le pont...

C'est alors que Samuel sent le plancher se soulever : la coque du trois-mâts se scinde en deux.

Un flot de pièces de huit[1] *brillantes s'engouffre entre les planches disjointes, une fortune à faire tourner la*

1. Pièce de huit : monnaie ancienne équivalant à huit réals. Plus précieuses que les doublons, ces pièces en argent étaient utilisées dans les colonies espagnoles. *(N.d.T.)*

tête du roi... Trésor fabuleux, mais bien inutile à l'équipage du Griffon *destiné à une mort certaine...*

La mer des Caraïbes les engloutit tous en moins de trois minutes.

Ainsi éparpillé dans les profondeurs de la mer, le butin d'un Nouveau Monde attend là que s'écoulent les siècles...

CHAPITRE PREMIER

Le catamaran se balançait mollement dans le petit port martiniquais. Bobby jeta tour à tour un œil suspicieux au frêle multicoque, puis au jeune océanographe qui, en équilibre sur l'un des ponts du voilier, voulait l'aider à embarquer.

— Quitte à me tuer, tirez-moi plutôt une balle dans la tête ! grincha Bobby.

Son hôte amusé répliqua :

— Monte, Kaczinski. Rien n'est plus sûr qu'un bateau.

Déglutissant avec difficulté, Bobby grimpa à bord ; le catamaran oscillait sous ses pieds. Conserver l'équilibre : une seconde nature chez les hockeyeurs. Surtout chez les Canadiens, ce sont les plus doués. Et il était bien un as, lui avait-on dit. Robert Kaczinski, promis à une brillante carrière de joueur de hockey professionnel, le jeune défenseur de la région de Toronto le plus talentueux de ces vingt dernières années.

Mais tout ça était fini, maintenant.

Jour et nuit, Bobby revivait la scène qui avait fait basculer son existence. Un cauchemar.

C'était le sixième match des finales de l'Ontario Minor Hockey Association. Bobby n'oublierait jamais le nom de ce garçon : Drew Christiansen.

Une passe récupérée par Drew juste devant le but des Red Wings... Et puis ç'avait été au tour de Bobby de défendre son équipe : il ne fallait pas que Drew marque. Bobby n'avait pas enfreint le règlement, tout le monde s'accordait là-dessus – les arbitres, les officiels, Drew lui-même. Pourtant un accident s'était produit, un accident rarissime.

Bobby se rappelait le moindre détail... Tout avait été très vite : l'urgence de protéger son goal, la satisfaction du coup de cross bien senti. Et enfin, la note discordante : *Pourquoi Drew ne se relève-t-il pas ? Que se passe-t-il ? Son cou est tordu de façon bizarre...*

Le diagnostic était tombé plus tard : Drew Christiansen ne pourrait plus jamais marcher.

La poignée de main du jeune scientifique blond ramena brusquement Bobby à la réalité.

— Bonjour, Robert. Je suis Ted Cutter, de l'institut océanographique « Le Poséidon », se présenta-t-il. C'est moi qui chapeaute ton équipe de plongée.

— Bonjour, Ted. D'habitude, on m'appelle Bobby... répondit le jeune garçon en toisant son interlocuteur d'un œil inquisiteur.

En fait, il cherchait encore à comprendre pourquoi le Poséidon, de renommée mondiale, l'avait sélectionné, lui, un novice, pour son stage d'été. Voilà un mois à peine qu'il avait enfilé des palmes pour la première fois !

Mais le regard bleu et froid de Cutter ne laissait rien transparaître de ses intentions.

— Installe-toi, dit-il à Bobby dans un sourire éclatant. Bronze un peu en attendant, j'ai quelqu'un à aller chercher.

Et il sauta sur le dock avant de s'éloigner à petites foulées.

« Je suis bête, songea Bobby. Évidemment, le Poséidon ne m'a pas choisi, c'est grâce à Allagash, tout ça ! »

Steven P. Allagash, son agent sportif. Une idée de son père, pour l'aider à devenir pro...

Dorénavant, il était bien résolu à ne plus jamais rechausser de patins.

Allagash n'avait pas caché son désarroi à la perspective de perdre un poulain si prometteur.

— Ne prends pas de décision hâtive, Bobby, avait-il recommandé. Laisse tomber le hockey un moment. Profite de cet été pour t'aérer un peu la tête. Il existe bien une activité dont tu rêves depuis toujours ? Dis-moi ce que c'est, je m'occuperai de tout...

Bobby n'avait d'abord pas su quoi répondre. Toute sa vie avait été dévolue au hockey sur glace. Des camps d'été aux matchs et entraînements l'hiver...

— Alors ? l'avait pressé Allagash. Qu'est-ce qui t'intéresserait ? Dis-le-moi.

Un immense aquarium faisait office de mur dans le bureau de l'agent. Bobby n'avait pu en détacher son regard : les nombreuses espèces tropicales qui évoluaient à l'intérieur fascinaient le garçon depuis son plus jeune âge.

— Les poissons, avait-il répondu. J'aime les fonds marins.

Et pourquoi pas, après tout ? N'importe quoi plutôt que le hockey.

En posant ses affaires sur le pont, Bobby remarqua subitement la présence d'un autre garçon de son âge environ, mais plus petit. Il somnolait au milieu d'une pile de bagages. Le catamaran heurta les bouées, contre le quai, et le dormeur s'éveilla en sursaut. Il bâilla, se frotta les paupières derrière les verres épais de ses lunettes et constata :

— Je doute que tu sois Adriana... Alors, tu es Robert, n'est-ce pas ?

— Je préfère qu'on m'appelle Bobby.

Puis, désignant les sacs empilés :

— C'est quoi, tout ça ? Ton équipement de plongée ?

— Non, c'est mon matériel, je suis photographe. David Lewis à ton service !

— Tu fais de la photo sous-marine, alors ?

— Ben... je ne vais pas tarder à le découvrir ! répondit David en haussant les épaules.

— Ne me dis pas que toi aussi, tu es plongeur débutant ?

— Je pensais qu'ils m'avaient pris parce qu'il manquait un photographe dans l'équipe... Et toi, si tu ne sais pas vraiment plonger, quelle est ta spécialité ?

— À part le hockey sur glace... ? Rien.

— Ça m'étonnerait que la mer des Caraïbes se transforme en patinoire, plaisanta David en contemplant la brume de chaleur sur l'eau turquoise.

— Tant mieux, répliqua Bobby, ironique. J'ai *oublié* mes patins !

Bizarre, cette histoire. Habituellement, les chercheurs les plus renommés se battaient pour entrer à l'institut Poséidon. Les places étaient chères. Alors, pourquoi les sélectionner, *eux* ? Cela n'avait aucun sens.

Une demi-heure plus tard, Cutter était de retour, accompagné du troisième élu, plus exactement de la troisième élue : Adriana Ballantyne, treize ans, grande et svelte. Son élégance eût mieux convenu à un paquebot de luxe qu'à un catamaran empestant le gasoil et le poisson.

— Salut ! l'accueillit Bobby. Tu plonges depuis longtemps, toi ?

Elle hésita.

— Ben... j'ai fait un peu de plongée autonome dans le sud de la France, pendant les vacances de Pâques...

Le garçon ne comprenait plus rien. Mais à quoi jouait-on, ici ?

Le catamaran ne payait pas de mine, mais c'était un allié précieux. Ils couvrirent la distance entre la Martinique et Saint-Luc en deux heures. Au détour du rivage, Cutter ralentit les machines afin de réduire l'allure.

— Regardez ! cria-t-il. Voici Stella, Stella Ling, votre quatrième compagne.

À environ deux cents mètres du bateau, dans les eaux claires d'une petite crique, une jeune fille plongeait. Elle n'avait pas de bouteille, juste un masque et un tuba. Elle se déplaçait avec l'aisance et la puissance d'une experte. Une vraie torpille humaine ! Elle plongeait comme lestée d'un poids. Puis elle évoluait loin sous l'eau, à une profondeur qui, c'était l'évidence, ne l'angoissait pas, démontrant une capacité pulmonaire hors norme.

— Elle est fantastique ! s'extasia Adriana.

Le catamaran obliqua vers le port, à un demi-mille en amont de la côte. Stella refit surface et nagea jusqu'à la plage. Ils la regardèrent sortir de l'eau et marcher sur le sable. Au début, Bobby pensa qu'elle avait trébuché contre un caillou, mais non : elle boitait carrément.

— Hé ! s'exclama-t-il. Regardez, c'est une handi...

L'image de Drew Christiansen s'imposa à lui et il se mordit les lèvres. Il n'avait plus le droit de parler d'infirmité, à présent.

— ... Handicapée ! acheva David, surpris.

Cutter esquissa un sourire.

— Un bon conseil : ne dites jamais ça devant Stella ! souffla-t-il. Elle peut être terrible, cette gamine !

« Génial, songea Bobby. Trois plongeurs de pacotille, et maintenant, *ça*... »

Mais qui se chargeait du recrutement, à l'institut Poséidon ?

CHAPITRE II

Face à la caméra vidéo, le professeur Gallagher leva son pointeur vers le squelette d'une immense mâchoire de requin blanc suspendue, béante, au-dessus de son bureau.

— Comme vous le voyez, il existe plusieurs rangées de dents, expliqua le directeur de l'institut Poséidon. Elles sont toutes inclinées vers l'intérieur afin de diriger les proies de l'animal directement au fond de son gosier. Carcharodon Carcharias, ou grand requin blanc, règne en maître au sommet de la chaîne alimentaire. Il est *le* prédateur par excellence...

Le scientifique tapota sur l'une des dents, coupante comme une lame de rasoir, avant d'ajouter :

— ... et croyez-moi, je parle en connaissance de cause !

Là-dessus, la mâchoire se referma d'un coup sec, brisant net le pointeur. Geoffrey Gallagher sursauta en poussant un cri strident.

— Coupez ! jeta le caméraman dans un rire.

On frappa alors à la porte.

— Plus tard, grogna le professeur. Pas maintenant, je suis occupé !

La porte s'ouvrit néanmoins sur Bobby Kaczinski, David Lewis, Adriana Ballantyne et Stella Ling.

Le professeur Gallagher les dévisagea un moment sans comprendre. Saint-Luc n'était pas une île touristique comme la Martinique : on n'y rencontrait que des autochtones ! Alors, qui étaient ces adolescents ?

Et puis, soudain, il se rappela le stage d'été... Le Poséidon avait même fait venir de Californie Ted Cutter et son équipe afin de superviser le programme.

— Oh... soyez les bienvenus ! leur souhaita-t-il en dissimulant le pointeur cassé sous les papiers de son bureau. Préparez-vous à vivre un été passionnant, jeunes gens. Vous allez participer à de nombreuses expériences.

Stella avança d'un pas et demanda :

— Excusez-moi, professeur, mais qu'est-ce qu'on doit faire exactement ?

— Eh bien, la section Saint-Luc du Poséidon est très active... Nous étudions plusieurs dizaines de projets à la fois et...

— Non, je voulais dire : maintenant. On fait quoi, aujourd'hui ?

Le scientifique parut pris de court. Il bafouilla :

— Que vous a dit M. Cutter ?

— On ne l'a pas revu depuis hier, précisa Bobby.

— Depuis... votre arrivée ? répéta le directeur, abasourdi.

Le caméraman, silhouette trapue et cheveux gris, observait la scène avec amusement. Il s'agissait de Brad Vanover, l'un des capitaines de navire qui travaillaient pour l'institut. Un demi-sourire aux lèvres, il s'immisça dans la conversation :

— Cutter et son équipe ont embarqué au petit matin. Sur le bateau de Bill Hamilton.

— Pardon ?! s'étrangla Gallagher. Et les gosses ? Ils auraient dû les emmener ! Ils en ont la charge !

Remarquant soudain que le caméraman ne perdait pas une miette de la conversation, le directeur se tut, embarrassé. Le commandant Cousteau n'avait jamais piqué de colère devant l'objectif, lui !

Le capitaine Vanover se leva. Officiellement, il n'avait aucun lien avec les stages d'été, mais il compatissait au sort des quatre adolescents : c'était clair, Cutter les dédaignait ouvertement. Il déclara :

— Vous savez quoi ? Je vais chercher l'Anglais et on accompagne les gamins à la baignade. D'accord ?

Le professeur Gallagher soupira de reconnaissance.

— Merci, merci, Brad ! Vous avez entendu, les gosses ? Au programme du jour : plongée sous-marine !

Puis, passant un bras amical autour des épaules de Stella :

— Quant à toi, ajouta-t-il, je suis certain que tu sauras te rendre très utile, à bord...

La jeune fille le fusilla du regard. Il venait de commettre un terrible impair, et il ne s'en rendait même pas compte ! Folle de rage, elle allait répliquer lorsque Bobby s'interposa.

— Stella plonge aussi, professeur. Elle est même la meilleure du groupe !

— Oh, parfait... marmonna le scientifique.

Gêné de sa maladresse, il rouvrit la mâchoire du requin, laquelle se referma à nouveau, manquant lui sectionner un doigt.

Ce ne fut qu'une fois sur le chemin qui menait à leurs bungalows que Stella fulmina à l'encontre de Bobby :

— Écoute-moi bien, champion de hockey : je suis assez grande pour me défendre toute seule. Si j'ai un truc à dire, *je* le dis !

— C'est peut-être ça le problème, répondit le jeune sportif. En traitant Gallagher de crétin, tu aurais eu cent pour cent raison, d'accord, mais il nous aurait tous pris en grippe. Donc, ce n'est pas toi que je protégeais, mais *moi*.

— Et même, grommela-t-elle. Ne te mêle plus de mes affaires, c'est tout.

— Tu risques de le regretter...

— Ça suffit, lança David. Profitons plutôt de cette journée !

CHAPITRE III

Assise sur le pont du *Hernando Cortés*, Stella regardait le port s'éloigner de leur vue. Les contours de la côte Saint-Luc s'estompaient sous l'éclat du soleil implacable.

— Les récifs au nord de l'île sont spectaculaires ! lança le capitaine Vanover, du cockpit. Ils font partie des fameux Hidden Shoals des Antilles françaises[1]. Le meilleur site de plongée du monde !

— Génial ! s'exclama Stella, folle d'impatience.

Elle était imbattable sur le sujet. Avant son départ, elle s'était sérieusement documentée sur les formations coralliennes de la région de Saint-Luc. Ce voyage représentait une occasion unique, et elle avait bien l'intention d'en tirer le maximum.

1. La mer des Antilles est aussi nommée : mer des Caraïbes. *(N.d.T.)*

Bobby, David et Adriana bataillaient déjà pour enfiler leur combinaison de plongée. Heureusement qu'ils s'y étaient pris tôt ! On aurait cru trois empotés essayant d'entrer dans des gaines trop étroites...

« Ce ne sont pas des plongeurs, ma parole ! songea Stella en les observant. Ils sont ridicules ! »

Elle, elle se glissait dans sa combinaison en trois secondes, et malgré sa jambe ! Mais elle avait un secret : elle enduisait la face interne du caoutchouc de savon liquide...

Dire que le professeur Gallagher avait présumé qu'elle ne pourrait pas plonger ! Elle ne supportait pas cette attitude de commisération à l'égard des handicapés. Un sentiment parfaitement déplacé ! Pour elle, c'était naturel, elle avait toujours boité. Ce léger handicap n'avait pas pour origine un accident, mais une paralysie cérébrale, à la naissance, qui avait induit une faiblesse dans sa jambe gauche.

Stella ne se voilait pas la face : elle ne courrait pas un cent mètres et ne danserait jamais avec le ballet du Bolchoï ! Mais au contact de l'eau, tout semblait rentrer dans l'ordre, elle était parfaitement à l'aise. Elle s'en était rendu compte pour la première fois à quatre ans, à la piscine municipale. Ce qui lui pesait et la ralentissait sur terre s'évanouissait alors. Elle ressentait une vraie aisance, comme si elle était faite pour évoluer dans l'eau.

À la poupe, l'équipier unique du capitaine Vanover manipulait sans peine de lourdes bouteilles d'oxygène. Loïc Lefort était un jeune colosse de près de deux mètres. Il travaillait comme guide auprès des plongeurs. Bizarrement, on l'appelait l'Anglais. Pourtant, il n'avait rien de britannique ! Il était antillais, de langue maternelle française. En secret, Stella l'avait surnommé : le Mort-vivant. Jamais encore elle n'avait rencontré quelqu'un d'aussi renfermé sur lui-même.

Ils naviguaient tous ensemble depuis une demi-heure, et Loïc n'avait pas esquissé le début d'un sourire. En fait il ne répondait aux questions que par gestes ou borborygmes.

Mais il en aurait fallu plus pour décourager la bavarde Adriana !

— Dites-moi, pourquoi les autres vous appellent-ils « l'Anglais » ? Vous êtes de Saint-Luc, non ? Ce sont les Antilles françaises, donc, vous êtes français...

Le jeune homme haussa légèrement les épaules tandis qu'il vérifiait la pression de l'air sur les manomètres des bouteilles.

— Votre vrai nom n'est même pas « Anglais », n'est-ce pas ? poursuivit Adriana.

— Laisse tomber, l'interrompit Stella, grognon. J'ai connu un « Quat'Zyeux » qui ne portait même pas de lunettes ! Les gens l'appellent l'Anglais, et alors, ça te gêne ?

Adriana ne se démontait jamais. Elle renchérit :

— Saint-Luc appartenait aux Anglais, avant ?

— Oui... et non, répondit le guide, brusquement décidé à rompre le silence.

— Comment cela ? s'étonna David en s'immisçant dans la conversation.

— Saint-Luc est une île française. Mais aux temps d'*alors*[1]...

Loïc haussa les épaules, incapable de s'expliquer mieux et se contenta de répéter :

— Oui et non.

Le capitaine Vanover vint au secours de Loïc.

— L'Anglais veut dire qu'avant, les Caraïbes grouillaient de monde. Des pirates, des marchands de toutes nationalités. Il y avait des pillages, des naufrages... et les navigateurs, britanniques ou autres, envahissaient les îles.

— Mais à cette époque, les marins sombraient avec leur bateau, remarqua Adriana. Ils préféraient ne pas apprendre à nager pour se noyer vite et éviter trop de souffrances.

— Tu vas nous porter la poisse, grincha Bobby en fourrant son couteau de plongée dans l'étui, sur sa cuisse.

L'érudition de la jeune fille impressionna le capitaine. Lui aussi, il l'avait cataloguée comme

1. Le guide ne parle pas un anglais parfait et a parfois du mal à exprimer sa pensée. Il emploie des mots français, en italique ici. *(N.d.T.)*

une richarde qui se passait un caprice en exerçant la plongée sous-marine. Quelle erreur !

— Peu de gens connaissent ce détail, la félicita-t-il. Tu as beaucoup étudié l'histoire des Caraïbes ?

Elle rougit.

— C'est grâce à mon oncle, expliqua-t-elle. Il est conservateur au British Museum de Londres. J'ai passé deux étés auprès de lui en tant qu'assistante, et, forcément, j'ai appris quelques petites choses...

Son visage se rembrunit, soudain. Cette année, son oncle Alfie faisait des fouilles en Syrie ; n'ayant droit qu'à un accompagnateur, il avait choisi Payton, le frère aîné d'Adriana. Ainsi, cette dernière se retrouvait désœuvrée. Ce qui, chez les Ballantyne, était im-pen-sa-ble. Par chance, le Poséidon l'avait acceptée, et le prestige de l'établissement avait convenu à ses parents.

Heureusement : elle n'aurait pas voulu les suivre deux mois à travers le monde, d'une réception à l'autre ! D'ailleurs, du plus loin qu'elle s'en souvenait, elle et Payton n'avaient jamais passé leurs grandes vacances avec eux...

Au début, Adriana pensait que l'institut avait privilégié sa candidature à cause des relations de sa famille. Maintenant, elle en doutait : aucun des stagiaires ne semblait plus qualifié qu'elle ! Excepté Stella, peut-être.

Ils approchaient des Hidden Shoals. Le capitaine coupa les moteurs et l'Anglais grimpa dans le nid-de-pie afin de guider le navire à travers les récifs tranchants. Dans cette partie du globe, le corail s'élève des profondeurs en quête du soleil et forme de hauts pics meurtriers affleurant à la surface de l'eau. Au fil des siècles, nombre d'embarcations s'y sont éventrées...

Ils jetèrent bientôt l'ancre et se préparèrent à plonger. Bobby trouva les vérifications d'usage interminables. Niveau d'oxygène : optimal. Ceintures lestées : en place. Détendeurs : opérationnels. Gilets compensateurs : gonflage correct... Le jeune garçon leva les yeux au ciel. Soit Vanover les prenait pour des idiots, soit un plongeur passe le plus clair de son temps à vérifier son équipement... !

David enfreignit la première règle en essayant de marcher palmes au pied. Il s'affala de tout son long, et manqua de casser l'appareil photo sous-marin qui pendait à son poignet. L'Anglais, l'air apitoyé, l'aida à se relever.

Enfin, ils se mirent à l'eau. Afin d'évacuer la buée, Bobby cracha dans son masque de plongée, puis il le plaqua sur son visage et inspira pour créer un appel d'air. Enfin, il mordit dans son détendeur, vida son gilet et glissa sous l'eau, serrant le pince-nez intégré du masque et soufflant afin d'égaliser la pression dans ses oreilles.

Quel silence étrange ! Un monde à la fois proche et intouchable... Ici, les soucis quotidiens appartenaient à une autre planète, et le hockey n'existait plus.

Jusque-là, il n'avait plongé que dans le lac Simcoe, au nord de Toronto. Ça faisait une sacrée différence avec l'eau chaude et cristalline des Caraïbes ! Le plus surprenant, c'était cette vie foisonnante... des milliers de poissons qui fusaient dans tous les sens à la fois : un enchantement.

Une petite demoiselle bleue[1] toute scintillante s'aventura avec curiosité autour de Bobby. La fragile créature ne le craignait pas ! Les bulles d'oxygène s'évadant du respirateur l'amusaient même beaucoup... Le garçon était hypnotisé par le poisson !

Soudain, une ombre passa au-dessus d'eux... Un mérou surgi de nulle part se jeta avec une violence inouïe sur le poisson délicat, et l'avala d'un coup.

« Oups ! songea le jeune garçon. Désolé, demoiselle bleue ! C'est la loi de la jungle... »

Il chercha David du regard, son partenaire attitré. L'apercevant, Bobby éclata de rire et manqua s'étouffer en ingurgitant de l'eau. Le photographe, pour éviter de porter ses lunettes, arborait un masque spécial qui faisait loupe, grossissant de façon grotesque ses yeux et son nez.

1. Demoiselle bleue : poisson ange *(N.d.T.)*.

David était si fasciné par ce qu'il voyait qu'en six minutes chrono, il fut à court de pellicules. Il photographiait tout, de la moindre crevette au fretin et autre plancton.

Pendant ce temps, l'Anglais les contemplait avec un mépris évident. Bouillant d'impatience, il saisit les deux novices par le bras et les entraîna à la nage vers le récif de corail. Les filles les suivirent aussitôt.

Le spectacle y était époustouflant. On aurait cru un film à effets spéciaux ! Tout y était : couleurs irréelles, formes extraterrestres. Panaches des laitues de mer, empilements de coraux extraordinaires s'élevaient vers la surface étincelante.

Bobby consulta la jauge sur sa montre de plongée, et fut surpris de constater qu'ils se trouvaient à quarante pieds de profondeur. Jamais il n'était descendu si bas !

Adriana tendit la main vers un corail, mais Stella la retint par le poignet, montrant un index réprobateur qui la rappelait à l'ordre.

Bobby le savait bien, lui : le corail est un organisme vivant, composé de millions d'animaux microscopiques, les polypes. Même un effleurement les tue. Sans compter qu'ils peuvent piquer !

L'Anglais leur fit signe de descendre encore, jusqu'à la base du récif, à soixante pieds. Bobby régla son gilet compensateur pour se stabiliser.

« Là, au moins, je ne gaffe pas... » se félicita le

jeune hockeyeur en pensant à la patinoire, à Drew blessé...

À cet endroit, sur le sable, les formations coralliennes laissent place à une flore marine d'une grande diversité : les Hidden Shoals. La vie y grouille aussi de partout, quoiqu'elle soit moins colorée : à cette profondeur, tous les rayons du soleil ne pénètrent pas la mer. C'est un pays crépusculaire...

Un mouvement dans le sable attira l'attention de Bobby. Il approcha la tête... et se retrouva brutalement face à un gros œil qui le fixait !

— Ah ! cria Bobby en perdant son détendeur.

Bluffant, comme sa voix portait sous l'eau... David se rua dans sa direction.

Une masse sombre et gélatineuse sortit alors brusquement du sable, crachant un épais jet d'encre noirâtre vers les garçons.

— Une pieuvre ! s'exclama David, et il lâcha lui aussi son détendeur.

Le corps bulbeux s'échappa, ses huit tentacules ondulant derrière lui. La fluidité de ses gestes rendait quasi impossible l'évaluation de son envergure...

L'Anglais vint rapidement se placer en travers de son chemin et l'attrapa par deux tentacules. La pieuvre, folle de rage, se teinta d'orange vif avant d'envelopper son agresseur d'une autre émanation d'encre. Guère impressionné, le guide regagna la surface, satisfait de sa capture.

Les garçons ayant récupéré leur détendeur, David tira son ardoise de sa poche et griffonna à l'intention de Bobby : NOTRE DÎNER ?

L'Anglais revint presque immédiatement auprès des enfants. Son expression lugubre ne laissait pas de doute quant au sort qu'il réservait au malheureux invertébré...

Ils plongeaient depuis une demi-heure, maintenant. Le guide les conduisit à une autre portion du récif qui s'élevait graduellement vers la surface. L'oxygène viendrait bientôt à manquer, et il était capital de remonter par paliers. Sinon la pression, comme les bulles d'azote dans le sang, risquent d'aller au cerveau. C'est la maladie des caissons. Une maladie hyper-grave. Si l'on survit, on a toutes les chances d'en ressortir paralysé à vie.

Plus Bobby s'approchait de la surface, plus il prenait confiance en lui. À mesure que les minutes s'égrenaient, sa technique s'améliorait et il profitait de mieux en mieux du paysage qui l'entourait.

« Si ça continue, songea-t-il avec amusement, je vais finir par aimer ça, moi, la plongée autonome ! »

Une silhouette, devant lui, l'intrigua soudain.

Il identifia le triangle de l'aileron, le regard de glace, le museau oblong...

Et l'horrible réalité s'imposa à lui :

Un requin !

CHAPITRE IV

Bobby tenta de se raisonner :

« Pas de panique, ce n'est pas le Grand Blanc des *Dents de la mer...* »

Mais peu importe la taille : lorsque vous vous retrouvez nez à nez avec un requin, cela reste un requin !

Le jeune garçon, paralysé d'effroi, regardait le squale qui approchait sans se presser.

— Va-t'en, supplia-t-il tout bas. Ne viens pas par là, non !

Il voyait bien ses dents, maintenant. Et brusquement, il sut qu'il serait sa prochaine proie. Alors, sans même s'en rendre compte, il brandit son couteau de plongée, se jeta sur le squale et lui transperça l'abdomen. Rien ne pouvait plus l'arrêter.

Pris de convulsions, l'animal claqua des mâchoires dans le vide et coula, dans une traînée vaporeuse de sang.

Bobby sentit alors quelqu'un le saisir. C'était l'Anglais qui le forçait à se retourner vers lui. Il le fusillait du regard en lui faisant signe de regagner la surface. Le jeune garçon secoua la tête. Pourquoi remonter ? Il n'y avait plus de danger, le requin était mort...

Le marin, impatient, l'empoigna fermement par le bras, gonfla son gilet compensateur et l'entraîna sans ménagement vers la surface. Ils émergèrent à la poupe du *Cortés*, auprès des autres plongeurs.

— À bord ! éructa l'Anglais.

— Mais enfin ! râla Bobby. Tout va bien, puisque je l'ai tué...

— À bord, tout le monde ! répéta l'homme, ivre de rage. Et *vite* !

Bobby tremblait encore de sa rencontre avec le requin. Il était à la fois terrifié et galvanisé. La plus importante compétition de hockey ne lui avait jamais procuré une telle sensation. C'était grisant, un combat à mort !

Devant les stagiaires, l'Anglais battait des palmes dans une gerbe d'écume. Il se hissa sur la plateforme de plongée, se délesta de son matériel d'un geste expert, puis les aida à le rejoindre en beuglant comme un forcené.

Le capitaine Vanover apparut sur le pont, au-dessus d'eux.

— Que s'est-il passé, Loïc ?

Ce dernier désigna Bobby et aboya :

— Pourquoi tu fais des choses aussi idiotes ? Tu es *fou* ?

— Mais... je... je me protégeais ! bafouilla l'adolescent.

— Ce *petit*-là ne t'aurait pas attaqué !

— Pourtant, il arrivait droit sur moi !

— *Alors*, il suffisait de t'écarter de son chemin, rugit l'Anglais. Ce n'était pas sorcier !

— Bon, ça va, se défendit Bobby. Je suis désolé d'avoir interrompu tout le monde. On n'a qu'à y retourner...

— *Oui, bien sûr !* ironisa le guide. Quelle merveilleuse idée ! Après toi, je t'en prie !

Bobby fronça les sourcils.

— Je ne vois pas où est le problè... commença-t-il avant de s'interrompre, soudain stupéfait.

L'eau bouillonnait d'une activité féroce ; des ailerons, des flancs lisses se disputaient la place. Des dizaines de requins qui s'acharnaient sur la carcasse de leur congénère étripé...

— L'odeur du sang, expliqua le capitaine Vanover. Ils n'y résistent pas.

Tout l'enthousiasme de Bobby retomba d'un coup. Il avait la nausée. Dire que sans l'Anglais, ils seraient tous au beau milieu de ce carnage... et par sa faute, encore ! Il frissonna.

Le guide français leva la tête vers Vanover et rouspéta :

— Je n'ai pas neuf vies, moi, capitaine ! Pourquoi vous m'envoyez sous l'eau avec des bébés ? Pas la fille, ajouta-t-il en montrant Stella. Elle plonge bien. Mais ces trois-là... ils sont nuls !

Sur quoi, il ramassa son équipement, sauta sur le pont et s'engouffra à l'intérieur du navire. Les quatre adolescents, embarrassés, n'osèrent pas lui emboîter le pas. Vanover sourit.

— Vous vous sentiriez mieux si je vous assurais qu'il a un cœur d'or ?

— Il est sympa, s'interposa Stella.

David écarquilla les yeux.

— Tout ça parce qu'il prétend que tu plonges bien...

— Mais je plonge bien !

Le capitaine, un homme trapu, leur tendit la main à tour de rôle, afin de leur permettre de grimper sur le pont.

— Je botterais bien les fesses de certains, à Hollywood, pour avoir donné si mauvaise réputation aux requins ! grogna-t-il. Ceux que vous croiserez dans le coin sont inoffensifs. Ils ont beaucoup plus peur de vous que vous d'eux ! Sauf notre bon vieux Dentu, peut-être...

— Qui ça ? s'enquit Bobby en ôtant ses palmes.

— Un requin tigre, répondit Vanover. Il y a environ six ans, nous avons eu une invasion de marlins, ici. Cela a attiré de féroces prédateurs : les requins tigres. Aussitôt, les eaux ont été interdites pendant deux semaines. Même aux pêcheurs ! Un scientifique entêté a cependant procédé à des vérifications en envoyant un sonar, qui est revenu en charpie. Quand les marlins sont enfin partis, les requins les ont suivis. Mais Dentu est resté ; il était sans doute trop âgé pour suivre les autres.

— Vous voulez dire qu'il est toujours là ? bredouilla Adriana.

— On nous signale régulièrement sa présence. Il ne fait jamais de mal à personne. En même temps, qui se frotterait à un squale de six mètres... ?

Les enfants contemplaient les requins affamés d'un air dubitatif. Le capitaine concéda :

— Bon, d'accord... un peu de sang, et ils deviennent agressifs. Mais c'est leur instinct qui les mène, comme nous. Un couteau de plongée ne doit jamais servir d'arme, juste d'outil pour couper un tuyau ou se dépêtrer d'un filet. Et souvenez-vous de ne jamais l'utiliser contre un barracuda. Il confondrait l'éclat de la lame avec un poisson et n'hésiterait pas à mordre, croyez-moi.

Puis il se détendit :

— Maintenant, quittez ces combinaisons, vous allez rôtir au soleil !

Les adolescents s'exécutèrent avant de s'asseoir à tribord tandis que le *Hernando Cortés* les ramenait au port de la côte Saint-Luc. Ils étaient beaucoup moins fiérots, subitement...

— Je le savais déjà, tout ce qu'a expliqué le capitaine, lança Stella. Je n'ai rien dit, je ne voulais pas passer pour une lèche-bottes !

— Moi non plus, enchaîna Bobby. C'est ce qui

a rendu Loïc complètement dingue ! Quel caractère de cochon, celui-là !

— Il me donne la chair de poule, acquiesça Adriana. Je préfère encore les requins !

— Ben, pas moi, s'écria David. Les requins tigres, ils s'en prennent aux humains, non ?

Stella renifla avec mépris.

— Il y a plein de trucs dangereux dans la forêt, ça ne nous empêche pas d'aller cueillir des champignons ! Des tas de gens plongent toute leur vie sans problème. Okay, on risque de rencontrer Dentu, et d'autres bestioles aussi... Et alors ? C'est pour ça qu'on est là !

Bobby promena machinalement son regard vers le rouf[1] et l'espèce de cage en titane, qu'il avait remarquée auparavant.

À présent, il comprenait de quoi il s'agissait : c'était une protection anti-requins. À croire que les squales de la région n'étaient pas si inoffensifs que cela, finalement...

David interrompit soudain ses pensées :

— Regardez !

Le jeune photographe pointait l'index en direction d'un seau métallique, posé à l'arrière du cockpit. L'eau, à ras bord, clapotait et giclait au rythme du tangage du bateau. Alors, sous les yeux ébahis des quatre plongeurs, un tentacule gris sortit à

1. Rouf : partie surélevée du pont, vers l'avant du navire. *(N.d.T.)*

tâtons du seau. Le petit poulpe prisonnier se hissa hors du récipient et se laissa couler sur le pont. Aussitôt, il commença à ramper vers l'océan, aperçut les adolescents et s'immobilisa, prenant la couleur olivâtre du plancher.

— Vas-y ! lui souffla David. Dépêche, l'Anglais veut te bouffer !

La pieuvre ne se fit pas prier. Elle glissa vite, vite vers l'avant... et sauta par-dessus le plat-bord du navire.

Plus tard, une fois au port, l'Anglais fut fort désappointé de ne pas retrouver son dîner...

17 AVRIL 1665

Samuel Higgins n'a que treize ans. Pourtant, lorsqu'il veut se rappeler sa mère, il prend conscience que son image s'évanouit peu à peu de sa mémoire.

Après tout, il n'avait que six ans lorsque les hommes de Sewell étaient venus le chercher. Il était encore assez petit pour entrer dans un sac en toile. Un enlèvement pur et simple. Facile pour ses kidnappeurs : sa famille était bien trop pauvre pour organiser des recherches et offrir une récompense... et maintenant Samuel n'avait plus personne.

Sewell le ramoneur comptait de nombreux garçons à son service. Tous rachitiques et sous-alimentés, abandonnés ou séquestrés.

Samuel excellait dans son travail. Il se faufilait dans les conduits de cheminée aussi facilement qu'il arpentait les ruelles pavées du port. Car contrairement aux autres, les années passant, il tardait à grandir...

« Ne t'inquiète pas, ricanait le vieux Sewell. J'en ai vu des tas, comme toi ! Tu tomberas d'un toit et tu mourras avant d'avoir atteint ta taille adulte ! »

L'homme cruel se trompait. Samuel ne succomba pas. Et le jour vint où les goulots noirs de suie furent trop étroits pour lui.

Alors son patron le chassa :

« Désolé, moutard, chez moi, on gagne son pain. Si tu ne peux plus assurer, tu fiches le camp ! »

Samuel se sentit perdu : y avait-il une place, dans ce monde, pour lui ?

Sewell l'avait mis à rude épreuve, mais la faim s'avérait un maître plus impitoyable encore. Le jeune garçon avait bien pensé retourner auprès de sa mère, à la campagne, mais il ignorait où elle se trouvait. Et puis, il ne connaissait pas d'autre vie que celle qu'il avait menée.

En Angleterre, un jeune garçon sans le sou n'avait d'autre avenir que mourir de faim. La seule chance de Samuel, son dernier espoir, c'était la mer.

Il s'enrôla donc à bord du Griffon *en échange d'une maigre pitance et de la promesse de quelques gages. Comparé à son précédent emploi, celui-ci représentait la liberté. À cette époque, il ne se doutait pas des activités réelles du navire, sur le vaste océan qui s'étendait vers l'ouest et le Nouveau Monde. Samuel ne savait qu'une chose : il avait sa part à la cambuse, et quelques planches où dormir, près des quartiers du commandant.*

En tant que mousse, il remplissait la fonction de valet du capitaine James Blade. Il lui servait ses repas, astiquait ses uniformes, brossait ses perruques, portait ses messages à l'équipage et vidait son pot de chambre.

Aux yeux de Blade, Samuel n'était ni plus ni moins qu'un accessoire.

« Hé, toi ! » beuglait-il pour l'appeler.

« Mon nom est Samuel, Sir », osa un jour préciser le mousse.

L'officier, ivre de rage, tira un long fouet en cuir, enroulé à son ceinturon, et frappa violemment l'adolescent en rugissant :

« Ton impudence t'enverra par le fond, moussaillon ! Dernier avertissement ! »

Le coup fit dégringoler Samuel par le panneau d'écoutille, envoyant valser le plateau chargé de nourriture qu'il tenait. Et la grosse émeraude sertie dans le manche en corne du fouet laissa une profonde entaille dans la joue du garçon...

CHAPITRE V

Ted Cutter et son équipe avaient été envoyés à Saint-Luc par l'administration de l'institut du Poséidon, en Californie. Leur mission : établir la carte des récifs des Hidden Shoals, au nord-est de la côte. Une tâche fastidieuse pour laquelle les huit semaines allouées au projet seraient à peine suffisantes. Et cependant, le petit groupe d'océanographes méprisait l'aide des quatre jeunes stagiaires...

Jour après jour, Bobby, David, Adriana et Stella s'éveillaient le matin pour découvrir que l'équipe de Cutter avait embarqué sans eux sur le *Ponce de León*, le bateau qui leur avait été assigné, et que le capitaine Bill Hamilton avait déjà appareillé.

Ted Cutter trouvait toujours une excuse fallacieuse.

— On a tant à faire ! s'était-il excusé la première fois. Deux mois, c'est trop court, on n'a pas une minute à perdre. Alors, si vous n'êtes pas à bord dès cinq heures, on part sans vous.

Le lendemain matin, les enfants se présentèrent à l'embarcadère à l'heure dite, pour constater que le navire était parti trente minutes plus tôt. Le surlendemain, ils arrivèrent donc à quatre heures, et attendirent jusqu'à sept heures auprès du *Ponce de León* avant de réaliser que le groupe de Cutter avait pris le catamaran pour la Martinique, afin d'acheter diverses fournitures.

— C'est de l'arnaque ! avait rouspété David : ils sont en train de bousiller notre stage ! Il faut que nous nous plaignions !

Se plaindre, oui, mais auprès de qui ?

Le professeur Gallagher était bien trop occupé à parader devant sa caméra... Quant au capitaine Vanover, sa compassion ne leur était pas d'un grand secours...

— Je sais, avait-il dit. C'est nul, tout ça, mais Vanover n'a rien contre vous. Ils sont tous pareils, ces chercheurs. Une fois dans un projet, ils ne peuvent plus penser à autre chose. Que cela ne vous gâche pas votre stage... Rassurez-vous, votre heure viendra !

— Ouais... avait grommelé David. L'année prochaine !

Vanover leur promit de les emmener plonger quand le *Hernando Cortés* serait libre ; pour l'heure, des scientifiques l'avaient réservé. L'officier en toucherait un mot à Bill Hamilton dès la première occasion.

L'autre membre de l'institut auquel les enfants auraient pu demander un coup de main était l'Anglais... Mais on ne pouvait pas dire qu'ils entretenaient des relations très chaleureuses !

— À toi de lui parler, Stella ! décréta David. Tu es sa chouchoute !

— N'importe quoi, il n'aime personne ! Il me déteste moins, c'est tout... Et puis, d'ailleurs, il n'a aucun pouvoir, ici.

Il ne travaillait au Poséidon qu'à temps partiel. Son vrai métier, c'était plongeur sur les plates-formes de forage, à l'ouest de l'île. Son habileté était légendaire. Il savait œuvrer à des profondeurs incroyables, souder des pipelines, réparer du matériel qui pesait des centaines de tonnes... Un personnage impressionnant, quoi.

Aussi, durant la journée, les employés de l'institut essayaient-ils de distraire les quatre adolescents en leur confiant de menus travaux, comme tailler les crayons, servir le thé, photocopier... Mais ils n'étaient pas venus jusqu'aux Antilles pour *ça* !

Les autres enviaient David. Il avait obtenu l'autorisation d'utiliser durant deux heures la chambre noire du Poséidon, afin de développer ses clichés sous-marins. Le résultat, cependant, déçut tout le monde. Les photos étaient réussies, mais le traitement des couleurs avait manifestement posé un problème au jeune garçon. Le turquoise des eaux s'était transformé en violet.

— C'est vraiment le récif de corail ? fit Stella. On se croirait dans l'espace !

— Il faudrait que ce soit plus clair... commenta David.

— ... que ce soit *bleu*, surtout ! rectifia Stella.

— Okay, ça va... Je suis plutôt spécialisé dans le noir et blanc. Je débute, sur le travail des couleurs, en labo...

Adriana, amère, se morfondait plus encore que ses camarades. Dire que Payton accompagnait Oncle Alfie en Syrie, tandis qu'elle servait de garçon de course à une bande d'océanographes ringards ! Après trois étés au British Museum, à fouiller des ruines romaines, traduire des hiéroglyphes, et même travailler pour Buckingham Palace, ce stage ressemblait à une mauvaise blague.

Les quatre adolescents finirent cependant par venir à bout de tous les petits boulots, à leur vif soulagement.

Ils se réunirent alors au village de Côte-Saint-Luc, s'efforçant de paraître affairés, ce qui n'était pas simple dans un lieu ignoré des touristes. En dehors de l'église et son clocher, il y avait pour se distraire une boucherie pleine de poulets émaciés, un bazar obscur aux vitrines sales – Vaudou façon Us, l'avait rebaptisé David devant l'étrangeté des marchandises – un gril et une brasserie de type parisien.

Ils préféraient le gril pour ses hamburgers bon marché et ses tables extérieures. David en profitait pour photographier les autochtones... et ses amis. Ce que Bobby n'appréciait pas du tout.

— Tu me prends encore une fois, menaça-t-il, et tu prends mon poing dans le nez en même temps !

— Vas-y, photographie-moi, ricana Stella. J'ai toujours rêvé de me voir en violet !

David reposa son appareil avec exaspération. L'ennui, la frustration les montaient peu à peu les uns contre les autres. Les humeurs s'échauffaient...

Stella retourna ses sarcasmes contre Adriana. Elle persifla :

— Dis donc, ma chère... Ça fait une semaine qu'on est là, et tu as changé de chaussures chaque jour ! Tu en as apporté combien de dizaines ?

— Assez pour te botter les fesses sans compter ! répliqua la fillette du tac au tac.

Bobby s'étrangla de rire en avalant ses frites.

— Et pan, dans les dents !

— Toi, le rat des patinoires, tu te mêles de tes affaires, grogna Stella. Les hockeyeurs ne sont bons qu'à envoyer leurs adversaires à l'hôpital !

Elle ignorait pourquoi exactement, mais elle venait de toucher le point sensible. Cela se devinait au ton menaçant de Bobby lorsqu'il articula :

— Ne redis jamais ça, Stella... Jamais !

Malgré leurs chamailleries, aucun d'entre eux

ne quittait la rue de la Chapelle : il n'y avait nulle part où aller.

« On est coincés au bout du monde, et on l'est *ensemble* », déplorait Adriana lorsque, soudain, son regard fut attiré par une sculpture en bois, pendue devant la fenêtre ouverte d'un cottage, de l'autre côté du chemin de terre où ils marchaient.

D'ici, elle ne distinguait pas ce qu'elle représentait, mais elle avait suffisamment aidé au British Museum pour deviner qu'il s'agissait d'un objet très ancien. Le bois poli, blanchi, quelques écailles de peinture... Elle se souvenait de pilastres de manoirs et de cathédrales qui, dans un état identique, remontaient à plusieurs centaines d'années.

— Hé ! Venez voir un peu ça ! s'exclama-t-elle en traversant la rue jusqu'au cottage.

Ses trois compagnons la suivirent. Adriana put identifier la décoration.

— C'est un aigle, lança-t-elle.

— Quoi, ce bout de bois pourri, dans le filet de pêche ? s'étonna Stella.

— Regarde... Tu vois, son bec ? Là, les ailes... et les serres, en relief, contre son corps... Je lui donne au moins trois cents ans !

— Il est fichu, nota Bobby en désignant la large fente qui le traversait. On dirait une tête de totem !

Adriana rectifia aussitôt :

— Non, les totems sont nord-américains, et cet aigle vient probablement d'Europe...

— Tu bluffes, grimaça Stella. On ne peut pas savoir ce genre de truc du premier coup d'œil !

— Et il est en bois de chêne ! insista Adriana. On n'en trouve pas, par ici, juste des arbres tropicaux. Il a dû venir par bateau... David, tu veux bien le prendre en photo ? Je le scannerai à l'institut pour l'e-mailer à mon oncle.

— Si tu veux, mais à mon avis, tu n'as pas besoin d'un expert pour savoir ce que c'est, rétorqua le garçon en déclenchant l'obturateur. Je vais te le dire, moi : c'est le machin le plus moche que j'ai jamais vu !

À cet instant, l'occupant du cottage apparut à la fenêtre. L'Anglais ! Bobby étouffa un cri de stupeur et tenta désespérément d'empêcher David de terminer sa phrase. Trop tard, l'Anglais avait tout entendu.

Les fusillant du regard, il tendit ses bras puissants et referma rageusement ses volets.

— Il fallait que ce soit *lui*... ! se lamenta David. Tu parles d'une guigne... Hé ! Adriana ! Qu'est-ce que tu fiches ? !

La jeune fille avançait avec assurance vers la porte d'entrée. Elle toqua.

— Monsieur Loïc, c'est encore nous ! Vous pourriez nous dire d'où vient cet objet, à votre fenêtre, s'il vous plaît ?

Au bout d'un long moment, la porte s'ouvrit en grand sur l'homme furibond.

— Vous autres, Américains, rugit-il, vous avez

un sacré culot ! Vous attirez les requins avec toute votre *stupidité*, vous volez ma pieuvre et maintenant, vous venez m'insulter sous mon propre toit ! *Allez-vous-en !*

Et il claqua la porte au nez de la stagiaire.

— Moi, je suis canadien, protesta Bobby, dans son coin.

Adriana s'apprêtait à frapper de nouveau, quand Stella la retint par le poignet.

— Non, arrête ! On n'en a rien à faire, de ce qu'il pend à sa fenêtre !

— C'est vrai, renchérit David. Dès l'instant que ce n'est pas *nous*... !

Adriana obtempéra mais ce soir-là, à la cantine du Poséidon, elle ne put résister à la tentation d'interroger Vanover, à propos de l'aigle en bois...

Le capitaine pouffa.

— Pas étonnant que l'Anglais n'ait rien voulu vous raconter, jeta-t-il. Cet objet le met plutôt mal à l'aise...

— Comment ça ?

— Une vieille histoire de famille. Sûrement du pipeau, d'ailleurs. Il vous en parlera à son heure...

— Ça m'étonnerait, soupira David. J'ai dit qu'il était moche, son truc.

Adriana secoua la tête.

— Vous vous rendez compte ? Il possède une précieuse antiquité, et il la suspend devant sa fenêtre ouverte ! J'espère qu'il a une bonne assurance...

— Comme si quelqu'un allait se risquer à voler l'Anglais !

Vanover éclata de rire à cette simple idée. Puis, apercevant Ted Cutter qui arrivait avec son plateau :

— Hé, Cutter ! Venez par ici une seconde, voulez-vous !

— Bonsoir, Brad, salua le jeune homme blond en approchant. Les enfants...

— Ted, commença le capitaine d'un ton affable. Ça fait presque une semaine que votre sonar est dans l'eau, non ? Pourquoi ne pas demander à nos quatre stagiaires de l'astiquer un peu, demain, quand vous les emmènerez plonger ?

L'océanographe ne se démonta pas. Il répliqua le plus naturellement du monde :

— C'est vrai qu'il doit être recouvert de sel, à présent. Eh bien, merci de votre aide, les enfants. À demain matin !

Et il partit s'attabler avec son équipe. Stella fit la moue.

— Quelle blague ! Il va encore nous doubler, oui...

— Pas cette fois, sourit Vanover. Vous allez le prendre à son propre piège ! À minuit, vous vous glisserez à bord du *Ponce de León*, et vous y passerez la nuit...

CHAPITRE VI

David peinait à trouver le sommeil, sur sa couchette. Le navire à l'amarre tanguait, des vaguelettes clapotaient contre la coque métallique, et chaque fois que le garçon commençait à somnoler, sa tête rencontrait la cloison. Le perpétuel mouvement de l'eau...

« De l'eau *bleue*, se dit-il. Ne pas oublier les couleurs ! »

Mais c'était plus facile à dire qu'à faire, vu son léger « problème »...

« Ils ne doivent pas savoir, personne ne doit savoir ! Ça ne regarde que moi ! »

Soudain, il revit les coupures de journaux, que sa mère avait conservées.

À TREIZE ANS,
IL REMPORTE LE PREMIER PRIX DE PHOTOGRAPHIE !
AVÈNEMENT D'UN JEUNE PRODIGE !

Un critique d'art du *New York Times* avait même jugé son recours au noir et blanc digne des professionnels les plus prestigieux. Mais cela ne leur suffisait pas, ça non. Ils avaient rajouté la phrase qui tue : imaginez ce que ce garçon serait capable de faire avec la couleur !

Eh bien, voilà, David avait la réponse : un océan d'un beau violet ! Génial.

Il ne s'était pas lancé dans la plongée sous-marine par plaisir, loin de là. Il en avait même bavé ! Seulement, on ne trouvait rien de plus coloré qu'un récif de corail, sur cette planète, et s'il ne pouvait surmonter son problème ici, il n'y parviendrait jamais et nulle part.

Le jeune garçon finit par s'endormir. Il cauchemarda, passant en revue tous les accidents de plongée possibles et imaginables.

« Descendre trop vite sans ajuster la pression... s'exploser le tympan... la douleur perçante... L'ivresse des profondeurs, à cause de l'azote... »

Les mauvais rêves affluaient.

David ne s'était jamais enivré, mais c'était sûrement pire à cent pieds sous l'océan ! On raconte que certains plongeurs, incapables de remonter, sont ainsi morts asphyxiés. Mais il y avait plus grave encore...

« La maladie des caissons ! On ne décompresse pas comme il faut, des bulles d'oxygène se forment dans le sang... de vraies bombes qui foncent au cerveau ! On en ressort paralysé ou... »

— ... on en meurt ! hurla David en s'éveillant en sursaut.

Il s'assit. Le bateau avançait. Le moteur vibrait : le garçon l'entendait. Il bâilla, se frotta les yeux, et se retrouva face à la plus belle femme qu'il ait jamais vue ! Grande, bronzée, de longs cheveux sombres... Passé la première surprise, elle appela d'un ton amusé :

— Chris ! Viens, on a des clandestins !

Un barbu accourut, les bras chargés de matériel. Il dévisagea David et s'exclama :

— Mince ! Les gosses !

— Oui, nous sommes là tous les quatre, articula David en tâchant de détacher son regard de la beauté brune. Ted Cutter a dit que vous auriez besoin de nous...

La jolie jeune femme sourit. Un vrai top model !

— Je suis Marina Kappas, se présenta-t-elle. De l'institut de San Diego. Cette espèce d'ours mal léché, c'est Chris Reardon. Et oui, en effet, votre aide nous sera précieuse, aujourd'hui.

Elle tendit la main à David qui la serra avec autant de plaisir que de timidité.

— David, répondit-il. David Lewis.

— Le photographe ! s'écria Marina. Super ! J'ai vraiment hâte de jeter un coup d'œil à ton travail...

Chris Reardon la contempla, étonné par son amabilité. Il grommela :

— Marina, je peux te parler ?

— Plus tard, Chris.

— Mais, je...

— N'insiste pas. On ferait mieux de vite remonter sur le pont avertir Ted, tu ne crois pas... ?

David, de son côté, s'empressa d'éveiller ses compagnons.

— On est découverts, les gars !

— Quoi ? balbutia Bobby en s'extirpant de sa couchette. Cutter est descendu ici ?

— Non, pas Cutter ; Marina ! Si tu la voyais... Une déesse !

— Et elle était en colère ? demanda Adriana.

— Au contraire, elle paraissait contente. C'est son collègue qui était fâché. Ils sont sur le pont, allons les voir.

Ils se présentèrent au capitaine Bill Hamilton avant de remarquer Ted Cutter, occupé à bricoler le moteur d'un Brownie[1].

— Parfait, vous êtes levés, grogna l'océanographe en les apercevant. La journée va être chargée. Cet engin vous permettra de tenir des heures sous l'eau...

Les enfants, d'abord embarrassés, ne savaient plus que penser. Cutter agissait comme si leur présence était indispensable, comme s'il ne les sno-

1. Brownie : compresseur pour la plongée sous-marine. Sorte de canot pneumatique d'où partent des tuyaux servant de respirateurs aux plongeurs. *(N.d.T.)*

bait pas depuis près d'une semaine ! Bobby parla le premier.

— C'est si long, de nettoyer un sonar ?

— Je l'ai vérifié, ça va, répondit le chercheur. Votre mission sera beaucoup plus importante : localiser les grottes sous-marines.

— Et les explorer ? demanda Stella avec curiosité.

— Non, ce serait trop dangereux. Vous en signalerez juste l'entrée à l'aide de ces balises. Elles envoient chacune une bouée à la surface. Ainsi, nous pourrons les repérer du bateau.

Les jeunes stagiaires, ravis, s'empressèrent d'enfiler leur combinaison.

— Finalement, déclara Adriana en ajustant ses poignets, Cutter comptait bien nous confier un travail sérieux.

— N'empêche, renifla Stella d'un air sceptique, j'ai vu des tas de cartes marines, avec les récifs, et les grottes n'y sont jamais inscrites...

— Il y a un commencement à tout, lança David. L'institut Poséidon a toujours été un pionnier !

Il détacha le détendeur de sa bouteille ; durant cette plongée, ils respireraient directement par le Brownie grâce à de longs tuyaux flexibles. Notant que Stella titubait en s'habillant, Marina se précipita pour la rattraper. La fillette pivota aussitôt sur ses talons, ses yeux jetant des éclairs.

— Qu'est-ce que vous dites ? fit-elle avec une telle indignation que la jeune femme en demeura bouche bée.

— Arrête, Stella... commença David.

Mais elle poursuivit :

— Vous me prenez pour une débutante, ou quoi ?

— Je t'ai vue trébucher, expliqua Marina. La mer est grosse, cela arrive à tout le monde avec le roulis, même aux meilleurs !

— Stella tu n'aideras point, psalmodia Bobby sur un ton d'excuse. C'est le onzième commandement !

Haussant un sourcil, la scientifique retourna donner un coup de main à Cutter avec le compresseur. Stella fusilla Bobby du regard.

— Tu en pinces pour elle, Bobby ! accusa-t-elle. Oui, et toi aussi, David !

— Et après ? se récria ce dernier. Qu'est-ce que ça peut te faire, tu n'es pas notre mère !

Stella ne décoléra qu'après avoir plongé. Comment ne pas s'apaiser, sous l'eau cristalline ? C'est si féerique ! Elle croisa un nuage orangé : un banc de chromis[1], qui nageaient en formation serrée.

La fillette soupira. Elle se savait susceptible, au sujet de son handicap, mais elle ne pouvait évidemment pas reprocher sa beauté à Marina... ni aux garçons de l'avoir remarquée !

1. Chromis : petit poisson tropical. *(N.d.T.)*

Stella battit lentement des palmes afin de descendre plus profond. Elle se sentait dans son élément, ici, elle n'éprouvait plus la moindre gêne physique, au point d'en oublier totalement son infirmité. Voilà ce qu'elle aimait.

L'endroit, moins accidenté que le site qu'ils avaient exploré avec Vanover et l'Anglais, n'excédait pas quarante pieds de profondeur. Cependant, il grouillait de vie et explosait de couleurs grandioses.

Agrippés au corail, des éponges rouge grenat, d'immenses éventails marins. Des poissons trompettes à l'allure de serpents, des myriades de créatures multicolores fondaient autour d'elle. Une indiscrète tournoyait autour du filin de sécurité, accroché à sa ceinture. Elle la chassa dans une gerbe de bulles.

— Ohé !

Le son portait si bien, dans l'eau, qu'elle reconnut immédiatement la voix de David. Non loin, en surplace, il lui adressait de grands signes. Elle approcha et découvrit la cause de son agitation : une cavité, creusée dans le sol calcaire. Une niche pas plus grosse qu'une belle pastèque.

Et David prenait *ça* pour une grotte... ?

Stella brandit son ardoise et griffonna dessus : « TROP PETIT ». Mais le photographe fit « non » de la tête, et il s'empara d'une bouée de balisage pliée à sa ceinture. La cartouche lui échappa des mains, flotta sur le sable jusqu'à l'entrée du trou... et David se pencha pour la récupérer.

Ce fut au tour de Stella de crier :

— Non !

CHAPITRE VII

La main gantée de David allait se refermer sur la cartouche lorsqu'une tête surgit brusquement du trou ! Une murène et son immense gueule ouverte sur des rangées de longues dents menaçantes !

Paniqué, le garçon lâcha la balise, et les mâchoires de l'animal claquèrent sur le métal.

David voulut actionner la valve de son gilet, afin de remonter en vitesse. Heureusement, Stella le retint par le bras et, d'un regard appuyé, elle lui intima de se calmer. Il acquiesça, inspirant rapidement dans son détendeur.

« C'est un piètre plongeur, pensa la jeune fille. Mais il a de la chance... Cette bestiole aurait pu lui arracher un bon morceau de chair ! »

Non loin de là, Bobby et Adriana finissaient de fixer une balise, à l'entrée d'une grotte. Ils tirèrent sur la cartouche ; il y eut un « pop », puis un sifflement, et la bouée fusa vers la surface.

« Et d'une ! songea Stella. Il n'en reste plus que quelques centaines d'autres ! »

Elle ne parvenait toujours pas à comprendre pourquoi Cutter leur réclamait un boulot aussi inepte. S'il voulait recenser toutes les excavations des Hidden Shoals, ce sont des années qu'il lui faudrait, pas deux mois !

Mais au moins, elle nageait sans entrave, sans bouteille ni rien, grâce au Brownie, en surface. Et elle en profitait au maximum ! Flotter parmi les poissons, se prendre pour l'un d'eux, c'était un jeu puéril, mais elle ne s'en lassait pas. Elle suivit un banc de maquereaux jusqu'à ce qu'une grosse tortue Caouanne le disperse. Elle caressa sa carapace rugueuse ; un morceau de préhistoire en plein vingt et unième siècle.

Bobby s'apprêtait à marquer une autre grotte. Il n'était pas un grand plongeur, lui non plus, constata Stella. Mais il y avait une souplesse, une grâce, dans ses mouvements, propres aux athlètes. Tout à coup, la jeune fille avisa un barracuda qui approchait dans le dos du garçon.

Devait-elle avertir son ami ?

L'histoire avec le requin l'avait démontré : Bobby prenait vite peur et pouvait réagir en dépit du bon sens. Et puis les barracudas n'attaquent jamais les humains, ils se défendent seulement.

Parfois, ils sont un peu trop curieux, aussi... Stella se mordit la lèvre quand le poisson à la mâchoire saillante effleura la nuque du garçon...

Il se retourna vivement, et se retrouva face aux dents acérées du prédateur à la triste réputation. Affolé, il enclencha la balise par erreur, et le « pop ! » effraya le barracuda qui fila sans demander son reste. Stella éclata de rire, envoyant des nuées de petites bulles vers la surface.

Adriana, de son côté, progressait à la parallèle du fond, essayant de se débarrasser d'un poisson agressif. Elle paraissait plus à l'aise que Bobby. Stella se demandait toujours pourquoi le Poséidon l'avait associée à des partenaires si peu qualifiés... Et comment ils lui avaient fait confiance, à elle, sachant les séquelles que lui avait laissées sa paralysie cérébrale... ! À croire que l'institut cherchait de mauvais plongeurs...

— Regardez !

David, encore une fois. S'il s'entêtait à crier sous l'eau, il aurait une sacrée quantité de sel dans le sang ! Il moulinait des bras, comme s'il avait découvert quelque chose. Stella le rejoignit, sceptique. À ses pieds, le récif plongeait subitement plus profond, et le garçon fixait un point précis, plus bas.

Elle plissa les yeux, mais lumière et visibilité s'amenuisaient. Elle regarda alors son compagnon et haussa les épaules en signe d'impuissance – sous l'eau, on communique à l'aide de gestes amples et exagérés.

David dégonfla un peu son gilet et descendit dans la pénombre. Stella l'imita. Elle sentit le filin de sécurité tirer sur sa ceinture : il était tendu au maximum, et ils tractaient maintenant le Brownie derrière eux. Jetant un coup d'œil par-dessus son épaule, la jeune fille aperçut Bobby et Adriana qui leur emboîtaient le pas.

« David a des hallucinations ! songea-t-elle en le suivant toujours. Ça existe, les mirages sous-marins... »

Elle s'interrompit, car elle vit elle aussi ce qui avait attiré l'attention du garçon. Une carcasse d'avion, sur le sable. Présence incongrue dans cet habitat cent pour cent naturel. Des coraux, des algues étaient incrustés dans la carlingue. Une aile brisée reposait tout près, cachée sous des plantes aquatiques.

Le cœur de Stella se mit à tambouriner dans sa poitrine. Une épave ! La récompense ultime pour un plongeur ! Quelle aubaine !

Elle approcha avec respect de l'appareil, craignant presque qu'il ne se volatilise dès qu'elle le toucherait. Dire que ça lui arrivait *à elle*, et au moment où elle faisait équipe avec un groupe aussi nul ! Les autres l'observaient à distance, perplexes.

Elle examina le fuselage et poussa une exclamation (plus une grosse bulle). Un symbole ornait le flanc de l'avion, en partie masqué par une anémone collée dessus. Mais cela ne laissait aucun doute : il s'agissait d'une croix gammée !

« Un bombardier allemand de la Seconde Guerre mondiale ! Ça alors ! »

Elle essaya de voir dans le cockpit, au cas où un squelette serait aux commandes... Rien. L'appareil abattu était vide.

Avisant une brèche dans le pare-brise, elle hésita à s'y engouffrer. Explorer une épave était toujours très risqué...

« Oui, mais c'est une chance unique ! » décida-t-elle finalement.

Et elle s'insinua à l'intérieur du poste de pilotage.

Se glissant entre les sièges, elle s'avança à l'intérieur de l'avion, s'étonnant de l'exiguïté des lieux. Les soldats devaient être pressés comme des sardines, là-dedans ! Sans les deux tourelles en verre pare-balles qui abritaient les mitrailleuses extérieures pivotantes, elle se serait retrouvée dans le noir complet. À présent, une épaisse couche de corail recouvrait les armes. Songeant que ces gangues de métal, aujourd'hui silencieuses, semaient autrefois la mort, Stella frissonna.

Elle remonta vers la queue de l'appareil, un tunnel si étroit et si bas de plafond qu'en se tournant pour repartir, l'une de ses palmes fut arrachée. Elle la rattrapa prestement entre ses genoux, mais la renfiler lui réclama tant d'efforts qu'elle termina exténuée. Une multitude de petites bulles d'air étaient agglutinées au plafond, en une grosse poche.

« Je ferais mieux de sortir d'ici ! » se dit-elle.

Mais elle ne partirait pas sans un souvenir, une

preuve de son aventure... Son regard s'attarda à nouveau sur la mitrailleuse. Une bande de munitions y pendait, se balançant mollement dans le courant. Stella crapahuta jusqu'à la tourelle. Récupérer les balles s'avéra moins difficile qu'elle ne pensait. À peine s'empara-t-elle du vieux ruban qu'il se désagrégea, crachant ses cartouches dans son gant.

« Elles datent de la guerre, s'extasia la jeune fille, et je les tiens dans ma main... ! »

Toucher la mitrailleuse avait soulevé le limon qui la recouvrait. Et soudain, un tourbillon de particules brunâtres emplit l'habitacle de verre, emportant avec lui les munitions de Stella.

D'instinct, elle tenta d'en rattraper au moins une. Elle se jeta tête la première dans le nuage de boue liquide...

... Et réalisa que son détendeur ne fonctionnait plus.

Elle n'avait plus d'oxygène !

CHAPITRE VIII

« Non ! s'alarma Stella. C'est impossible ! Je ne porte pas de bouteille, elle ne peut être vide... ! »

La vérité la frappa d'un coup : son tuyau s'était coincé quelque part, et cela empêchait l'air d'arriver !

Elle tira un peu dessus, espérant le libérer... en vain.

Affolée, elle tira plus fort, sachant qu'elle risquait de faire empirer les choses et de s'asphyxier plus vite. Stella, d'habitude si sûre d'elle sous l'eau, paniquait. Une impression nouvelle pour elle.

Elle décida alors d'abandonner le tuyau en crachant le détendeur, et de remonter à la surface. Seulement, lorsqu'elle voulut passer par l'ouverture de la tourelle, près de la mitrailleuse, son filin de sécurité, trop court, la ramena en arrière avec brutalité. Elle était piégée ! Cette épave serait son cercueil...

Non, pas question ! Stella réagit aussitôt. Elle attrapa son couteau et commença à frapper à l'aveuglette afin de sectionner le filin. Mais elle n'y parvenait pas, la boue lui masquait jusqu'à ses mains.

L'éclat fulgurant de la lame, dans la tourelle, signala à Bobby que quelque chose clochait. Il nagea en direction de l'avion.

Apercevant soudain son ami, par la vitre, Stella réalisa qu'il était son dernier espoir. Elle lui adressa de grands signes, frottant son index en travers de son cou pour lui indiquer, selon le code des plongeurs, qu'elle n'avait plus d'air.

Il mettait une éternité à la rejoindre, lui semblait-il !

« C'est normal, l'eau fait loupe, se rappela-t-elle. Il n'est pas si près que cela... »

Elle était à deux doigts de s'évanouir ; déjà, sa vision s'obscurcissait. Elle luttait pour ne pas sombrer.

Un joueur de hockey serait-il capable de la secourir ?

Et Bobby fut là.

L'espace d'une seconde, Stella vit son propre reflet dans le masque du garçon ; son aspect cadavérique, teint gris, yeux exorbités, l'effraya. Elle ne tenait plus, elle se sentait partir, partir...

Bobby inspira une longue goulée d'air avant d'ôter son détendeur et de le placer entre les lèvres bleuies de la jeune fille. La délicieuse bouffée d'oxygène ramena Stella à la vie. Elle respira avec délectation, tâchant d'éviter l'hyperventilation.

Bobby dispersa le rideau opaque en suspension et inspecta le sol. Retrouvant le détendeur de Stella, il comprit ce qu'il s'était passé. Le tuyau s'était enroulé autour du levier de pilotage, dans le cockpit, de façon si serrée que l'arrivée d'air avait été coupée. Pour aggraver encore le problème, le filin de sécurité de la jeune fille, emmêlé au tuyau, s'était bloqué dans un crochet, au-dessus d'une trappe. Bobby tira son couteau et sectionna le filin. Ensuite, il libéra le tuyau et mordit le détendeur, afin de respirer à nouveau.

Stella le contemplait avec admiration. Il faisait un médiocre plongeur, mais en cas de crise, il était à la hauteur ! Elle devait l'admettre, le hockeyeur venait de lui sauver la vie...

Elle tremblait de tous ses membres. L'accident l'avait secouée, mais elle ne perdait pas le nord pour autant... et n'oublia pas de ramasser une poignée de balles avant de quitter le bombardier avec Bobby.

Ils émergèrent près du Brownie et grimpèrent dessus, se laissant ballotter par le courant. Les autres arrivèrent aussitôt. David retira son détendeur en criant :

— Vous êtes blessés ?

— Non, ça va, grogna Stella. Je vous préviens :

pas un mot, à personne, même pas à Cutter ! Compris ?

— Mais que s'est-il passé ? demanda Adriana. Tu t'es coincée dans l'avion, ou quoi ?

Stella fronça les sourcils et continua :

— Vous ne comprenez donc pas ? S'ils l'apprennent, ils nous interdiront sûrement de replonger ! Jurez de vous taire !

— C'est tout ce que tu trouves à dire ? s'étrangla Bobby, abasourdi. Tu te rends compte que tu pourrais être morte noyée, à l'heure qu'il est ?

— J'ai eu un souci, et mon partenaire m'a aidée, point final.

— Mais ce n'était que ma quatrième plongée ! se récria Bobby. La deuxième en pleine mer ! J'aurais pu... tout rater ! J'aurais dû vivre avec ça, Stella, avec ta mort sur la conscience !

L'image de Drew Christiansen, prostré sur la glace du terrain de hockey, s'imposa soudain à lui, et il se tut. Le sentiment de culpabilité, il connaissait, merci... !

Stella reprit avec enthousiasme :

— Vous réalisez ce qui nous arrive ? Des tas de gens plongent leur vie entière sans jamais trouver la moindre épave ! David, tu as une vue de lynx, mon vieux ! Tu paries qu'on est tous dingues, et que l'eau est bien violette !

— Je... bafouilla-t-il, embarrassé. J'ai juste eu de la veine...

— Un avion allemand ! s'extasia Adriana. Peut-être qu'il provient des fameux bombardements sur Curaçao... C'est un trésor pour les historiens !

— C'est un trésor *pour nous*, rectifia Stella d'un ton sec.

Elle ouvrit la sacoche de sa ceinture lestée, et en sortit la poignée de cartouches de la mitrailleuse.

— Et en voici la preuve ! J'ai hâte de fourrer ça sous le nez de Cutter... Il nous traitera mieux, à présent, croyez-moi !

Le *Ponce de León* sondant l'ensemble du récif, les quatre adolescents attendaient son passage, sur le Brownie. David le repéra presque immédiatement, un minuscule point dans le brouillard de chaleur, à l'horizon. Vingt minutes plus tard, le navire les abordait.

Chris Reardon somnolait en poupe, canne à pêche à la main, appâtant le thon par-dessus le plat-bord.

— Monsieur Reardon ! lança Bobby.

L'homme ne réagit pas. Une voix autoritaire tonna :

— Chris ! Ramène ta ligne ! Tu vas blesser les enfants !

Marina ! Elle se rua sur la plate-forme de plongée afin de les aider à remonter. Remarquant les deux bouées de balisage qui flottaient sur l'eau, elle grimaça.

— Hé ! Il y a beaucoup plus de grottes que ça, dans le coin ! râla-t-elle.

— David a trouvé une épave ! haleta Stella en guise de réponse.

— Une épave ?

Un éclair d'intérêt illumina le regard de la scientifique.

— Oui, un avion ! Un bombardier de la Seconde Guerre mondiale ! précisa Adriana.

— Regardez !

Stella brandit les balles recouvertes de corail. Marina les observa un moment, puis elle sourit, amusée.

— Oh, Stella ! Ce ne sont pas de véri...

Mais la jeune fille n'écoutait pas. Déjà, elle boitillait en direction de l'escalier des cabines, ses compagnons sur les talons, leur combinaison ruisselant sur le plancher.

Ted Cutter étudiait un document dans la cambuse. Des relevés électroniques. Le papier n'en finissait pas de sortir de l'imprimante, sur la table pliante. Stella jeta les cartouches à côté du petit ordinateur :

— Il y a un avion, là-dessous, monsieur Cutter ! Un bombardier nazi !

Le chercheur les dévisagea et éclata de rire. Un rire tonitruant qui emplit la cabine.

— Hé ! se vexa Stella. Vous nous considérez peut-être comme une bande de nuls, mais nous savons reconnaître un avion quand nous en voyons un !

— En effet, pouffa encore le chef d'équipe. Il y a bien un avion, mais il ne date pas de la guerre...

— Oh si, insista Adriana. C'est même un Messerschmitt à hélices, avec une croix gammée sur la carlingue. Les nazis les utilisaient pour bombarder les plates-formes de forage alliées, dans les Caraïbes.

— C'est une reproduction, expliqua Ted Cutter. Un décor pour un film de guerre. Une fausse épave.

Stella blêmit. Ses compagnons demeurèrent bouche bée. En quelques secondes, ils étaient redevenus pour Cutter et son équipe des casse-pieds, des indésirables. Le jeune homme blond ramassa une balle et la gratta du bout de l'ongle. Il renchérit :

— Vous voyez ? Il n'y a pas assez de corail, là-dessus, pour un objet ayant passé près de soixante-dix ans sous l'eau. Ils ont tourné leur film voilà trois ans !

Marina entra au même instant.

— Allons, ce n'est pas bien grave ! Vous n'êtes pas les premiers à vous tromper, avec ce bombardier. Ni les derniers, je peux vous l'assurer !

Elle sourit avant d'ajouter :

— Vous avez du pain sur la planche, avec les grottes à recenser ! Il faudrait y retourner immédiatement. N'oubliez pas de prendre de l'oxygène, avant de replonger. Vous trouverez les bouteilles sur le pont. Celles avec l'étiquette verte.

Un plongeur doit toujours éliminer l'azote contenu dans l'air comprimé qu'il a inspiré, avant de replonger le même jour. Respirer de l'oxygène pur active le processus d'évacuation.

Les enfants regagnèrent l'extérieur. David alla chercher une bouteille dans le rack. Il ploya sous son poids.

— Marina a dit : une étiquette verte, s'étonna Bobby. Pas rouge !

— Heu... oui, bien sûr... balbutia le photographe.

Dans sa confusion, la bouteille lui échappa des mains. Sans ses réflexes, Bobby se serait fait salement écrabouiller le pied.

— Oh, pardon, s'excusa David, penaud.

Décidément, il usait et abusait des excuses, ces derniers temps. « Désolé pour tes orteils ; désolé pour la mauvaise bouteille qui aurait pu vous empoisonner ; désolé pour l'avion qui a failli devenir le tombeau de Stella... »

Il ne faisait pas le poids dans ce stage ; et pas seulement pour la plongée. Tout ce qu'il entreprenait virait à la catastrophe.

Bobby apporta les bonnes bouteilles, et les enfants plaquèrent les masques transparents sur leur nez avant d'ouvrir les valves. D'une voix étouffée par le plastique, le joueur de hockey lança :

— On s'en tire plutôt bien, non ? On a peut-être l'air d'idiots, mais ils ne nous ont pas renvoyés...

— Il y a du louche, là-dessous, persista Stella. Vous avez vu, pour nos deux premières balises ? Ils ne se sont même pas fatigués à enregistrer leur position !

Un ronflement sonore leur parvint de la poupe : Reardon tâtait toujours du thon. Adriana retira son masque et se lécha pensivement les lèvres.

— Moi, ce qui me semble bizarre, c'est qu'ils sont censés faire des relevés de sonar, n'est-ce pas ? Eh bien, ce que Cutter étudiait, dans la cambuse, ce n'en était pas.

— Ah non ?

La fillette hocha la tête et poursuivit :

— Un été, le British Museum a dragué la Tamise, à la recherche d'armures de la Rome antique. Ils utilisaient un magnétomètre, un détecteur de métaux. Et les données du scanner étaient exactement les mêmes que celles de Cutter... Autrement dit, nos amis n'établissent pas la carte des récifs, ils cherchent un truc en métal !

— Mais à quoi bon nous faire recenser les grottes, alors ? s'étonna David.

Stella sourit largement.

— C'est évident, voyons ! C'est le coup de la prof de math !

— Le coup de qui ? répéta Adriana, perdue.

— J'avais une prof de math qui laissait toujours des problèmes, au tableau, pour après la récréation.

Ça nous occupait pendant qu'elle finissait son café, en salle des profs. Eh bien, ce travail, avec les grottes, c'est pareil : il ne sert à rien qu'à détourner notre attention !

Les quatre adolescents échangèrent un regard grave. Cutter et son équipe ne les portaient guère dans leur cœur, mais de là à les manipuler ainsi... ?

— Okay, jeta Bobby au bout d'un moment. Admettons que les filles aient raison. Mais pourquoi tant de mystère ? Ces gens sont des scientifiques de l'institut Poséidon, ils n'ont pas à se cacher !

— Pas si sûr, articula doucement Adriana. Ils peuvent être chargés d'une mission spéciale...

David haussa un sourcil.

— Une affaire d'État, tu veux dire, classée top secret et tout ?

— Peut-être... En tout cas, quoi que ce soit, on y est mêlés jusqu'au cou, maintenant !

3 JUILLET 1665

La puanteur règne à bord du Griffon. *Le relent pestilentiel s'intensifie de jour en jour. Un mélange d'eau croupie, de vieille cuisine, d'aliments en décomposition et de bêtes embarquées en cales.*

Pire : les exhalaisons fétides de quatre-vingt-deux hommes. L'odeur âcre de vomissures est chose tenace. Et les vagues ne ménagent pas les marins. Même les plus aguerris n'y résistent pas. Le capitaine Blade lui-même n'est pas épargné.

Un jour de gros temps, Samuel le trouve à quatre pattes sur le plancher, rendant tripes et boyaux dans son pot de chambre.

L'officier fusille alors du regard le jeune garçon, et il aboie :

— Que ceci reste entre nous, le mousse, ou tu goûteras la morsure du fouet !

La menace était sérieuse. On flagelle presque au quotidien sur le pont du Griffon. *Supplice dont le capitaine se charge en personne, à l'aide de son fameux fouet en cuir de serpent et manche en corne.*

L'un des défouloirs favoris de James Blade s'incarne en la personne du vieil Evans, le voilier[1]*. Les rafales incessantes de l'Atlantique mettent à mal les nombreuses voiles du bateau et, bien que le vieillard travaille à les recoudre jusqu'à la nuit, il ne parvient pas à tenir le rythme. Le capitaine profère menace sur menace :*

— Tu seras pendu, marin d'eau douce, si l'artimon n'est pas en place à mon souper !

Le fait est qu'Evans n'est pas marin, mais fermier. Comme Samuel, d'ailleurs. Affaibli, et sans fils pour l'aider, son travail n'était plus assez rentable. Une fois expulsé du lopin de terre qui lui était alloué, Evans n'avait pas eu d'autre choix que de s'embarquer.

Malgré leur différence d'âge, Samuel se sent proche du vieil homme. Tous deux sont à bord du Griffon *contre leur gré, et tous deux subissent les brimades de l'impitoyable capitaine. Le mousse consacre le plus clair de son temps libre au voilier, recousant les toiles, prêtant ses jeunes yeux au vieillard fatigué.*

Evans apprécie son soutien. Un soir, à la faible lueur d'une lampe à pétrole, alors qu'ils tâchent de raccommoder une misaine déjà cousue et recousue, Evans laisse enfin libre cours à ses pensées intimes.

— Ce capitaine est un dément. Je le hais !

1. Voilier : ici, marin chargé de la confection et de l'entretien des voiles. *(N.d.T.)*

— Chut ! fait Samuel en regardant par-dessus son épaule.

Puis, plus bas :

— Moi aussi, je le déteste. Chaque fois que je vide son pot répugnant, je lutte pour ne pas le lui envoyer en travers de la figure !

— Et son maudit fouet... renchérit le voilier. J'en cauchemarde la nuit !

L'œil humide, égaré, il fixe l'horizon en ajoutant :

— Dans mon rêve, il est enroulé autour du cou de Blade et je tire, je tire pour l'étrangler... Il hurle, mais je continue...

— Ce serait de la mutinerie ! l'interrompit Samuel, glacé d'horreur. Et c'est passible de la corde !

— Je me rappelle alors mes filles, termine Evans. Et je comprends que je n'ai pas le droit de jouer à ça. Mais crois-moi, Samuel, mon vieux corps ne survivra pas à une volée supplémentaire. C'est la vérité, petit : le fouet de James Blade me tuera.

Les conditions météorologiques du périlleux voyage ne s'améliorent pas. Deux mois et demi après leur départ, un orage envoie le Viscount, *qui fait partie de leur petite escadre, par le fond. Le* Griffon *repêche trente-quatre des infortunés marins ; les vagues engloutissent le reste de l'équipage. Juché dans les enfléchures*[1]*, le capitaine Blade fait claquer son fouet dans la*

1. Enfléchures : échelons de cordage disposés dans les haubans pour monter dans la mâture. *(N.d.T.)*

pluie et le vent, proférant nombre d'injures à l'encontre des sauveteurs comme des rescapés.

À présent, ils sont plus de cent âmes entassées à bord du trois-mâts. La fièvre gagne vite, elle emporte six hommes parmi lesquels le charpentier. Désormais, la coque prend eau.

Samuel, comme d'autres, est assigné à la corvée d'écope, dans la cale nauséabonde. Il suffoque, s'acharne des heures durant. Quand il remonte, éreinté, quelqu'un s'égosille :

— Voilier en vue !

Il reconnaît la voix d'Evans et lève les yeux vers le grand mât. Le vieil homme, grimpé dans les gréements, vient d'apercevoir un navire, au loin. James Blade sort la tête de sa cabine et beugle :

— Est-il de notre flotte ?

— Je l'ignore, capitaine !

L'officier surgit sur le pont, ivre de rage. Samuel veut prendre la défense de son ami.

— Pardonnez-lui, capitaine ! Ce n'est qu'un fermier, il ne sait pas la dif...

Le jeune mousse voit étinceler l'émeraude sertie dans le manche en corne lorsque Blade empoigne son fouet pour le frapper à la tempe. Samuel s'écroule, aveuglé. L'officier poursuit :

— Evans ! Si je dois monter vérifier par moi-même, ce sera le fouet !

Le malheureux vieillard est paralysé de terreur. Il est trop myope pour distinguer quoi que ce soit à cette distance. Et trop apeuré pour réfléchir ou ruser.

Puis James Blade commence d'escalader le gréement. Samuel l'observe ; il approche lentement d'Evans... et les paroles du voilier lui reviennent soudain à l'esprit : « Mon vieux corps ne survivra pas à une volée supplémentaire. »

Aussitôt, le mousse s'élance à l'assaut du gréement. Il crapahute comme une araignée. Les cheminées, pense-t-il. Il n'est jamais tombé, chez Sewell, il ne tombera jamais nulle part !

L'officier rejoint Evans. Il tempête :

— Espèce de minable !

L'émeraude du fouet brille de nouveau au soleil, et Samuel réalise que c'est Evans qui s'est emparé du fouet ! Et il l'enroule autour du cou de son capitaine...

— Non ! s'époumone le jeune garçon.

Il est déjà trop tard. Selon la loi maritime, lever la main sur son officier est passible de la peine capitale. Quoi qu'il arrive, le pauvre Evans sera pendu...

Blade, fort comme un Turc, se libère de la lanière de cuir, puis abat un poing massif sur le crâne du voilier. Ce dernier s'immobilise un instant, avant de lâcher brusquement le cordage. Horrifié, Samuel voit son ami plonger cent pieds plus bas, vers le pont... vers la mort.

Mais la puissance du coup asséné a déstabilisé le capitaine Blade : il lâche prise lui aussi, dans un cri déchirant.

Lorsque Blade arrive à la hauteur du mousse, moulinant dans le vide en quête d'une prise, Samuel ne peut que tendre la main et rattraper l'homme par son ceinturon. Il le freine seulement, lui permettant de s'accrocher au gréement.

L'officier s'agrippe là, hors d'haleine. Sous ses pieds, les hommes d'équipage se pressent autour du corps démantibulé d'Evans le voilier...

Samuel se mord les lèvres, refoule ses larmes, refoule de sombres pensées.

Alors il se tait et demande juste :

— Rien de cassé, Sir ?

Avec précaution, James Blade affermit sa position et, levant les yeux sur le jeune garçon :

— Tu es mon ange gardien, le mousse, soupire-t-il. Oui... Un sacré porte-veine, Samuel Higgins !

CHAPITRE IX

Les enfants s'accoutumaient petit à petit au rythme de l'institut océanographique. Chaque jour, ils installaient docilement leurs bouées de balisage, furetant cependant avec discrétion.

— Ils ne doivent pas se douter que nous avons soupçonné quelque chose ! recommanda Stella. Qu'ils trament un truc louche ou pas...

— Mais ce ne sont pas nos oignons, s'opposa David. Si leur boulot est classé top secret, qu'il le reste !

— Ce n'est que de la curiosité, se défendit Bobby. Ça n'a rien de méchant.

Stella ajouta :

— Et puis nous, on a le droit de savoir ! Après tout, ils nous gâchent notre stage d'été !

Ils gardaient donc l'équipe de San Diego à l'œil... bien qu'il n'y ait pas grand-chose à voir. D'après le capitaine Vanover, un magnétomètre et un sonar sont quasi identiques... Ensuite, Cutter passait le plus clair de son temps en cabine, à étudier des kilomètres de relevés. Reardon ne quittait presque jamais sa canne à pêche, et le capitaine Hamilton dirigeait son navire, point. Seule Marina demeurait en contact avec les quatre adolescents.

— Elle n'est sûrement pas mêlée aux manigances de Cutter, estimait Adriana. Elle est trop gentille !

— Et trop belle, enchaîna Bobby.

— Tu l'as dit ! sourit David. Pas besoin d'être photographe pour trouver son bon profil !

Stella grimaça d'un air navré.

— Quels ringards vous faites, les gars !

David s'en fichait. On s'était déjà moqué de lui, quand il avait photographié la jeune femme... « Roméo », l'avait appelé Adriana !

Craignant que cela ne revienne aux oreilles de Ted Cutter, les enfants décidèrent de ne confier leurs soupçons à personne de l'institut. Ils s'informaient juste, posant leurs questions sous forme de généralités.

Un soir, à la cafétéria, Adriana demanda à Vanover dans quels cas un navire utilise un magnétomètre.

— Ça dépend de qui est à bord, expliqua le capitaine. C'est un détecteur de métaux. Les géologues estiment que les océans abritent la plus grande part de minéraux de la planète.

— Les compagnies minières s'en servent, alors ?

— Parfois, Bobby. Mais les traqueurs d'épaves aussi. Comment crois-tu qu'on ait localisé le *Titanic* ? Et puis, il y a l'armée. Ils égarent tout le temps leur matériel...

David adressa un regard complice à ses amis. Et si c'était là la clef du mystère ? L'équipe de Cutter œuvrait peut-être pour la marine militaire... Une mission ultrasecrète ; le renflouage d'un sous-marin perdu, ou d'une ogive nucléaire ?

— Cependant, continua Vanover, dans ces parages, ce sont plutôt les chasseurs de trésors qui traquent les traces de métal...

— Des chasseurs de trésors ?

Stella écarquilla des yeux ronds comme des soucoupes. Le capitaine assura :

— Évidemment. Il y a quelques centaines d'années, les navires marchands, chargés d'espèces sonnantes et trébuchantes, croisaient dans ces eaux. On prétend qu'au moins la moitié de leurs butins repose aujourd'hui au fond de la mer.

— Et aux seizième et dix-septième siècles, précisa Adriana, les riches galions espagnols empruntaient tous cette route pour rapporter chez eux les fortunes glanées dans le Nouveau Monde.

— Exact, reprit Vanover. Mais beaucoup n'atteignaient jamais l'Europe, à cause des ouragans, des récifs, ou même des pirates. D'où l'utilité d'un magnétomètre... Vous comprenez, l'or et l'argent sont des métaux ! Si un galion a coulé dans votre secteur, le scanner repérera sa cargaison.

David paraissait sidéré.

— Mais ça marche ? Vous n'avez qu'à traîner un sonar dans votre sillage et quand il bipe, vous remontez des millions ?

— C'est un peu plus compliqué, David ! s'esclaffa le capitaine. D'abord, les mers et les océans sont vastes : ils couvrent les trois quarts de la surface terrestre, tout de même ! Ensuite, les épaves sont souvent situées à des profondeurs inaccessibles. Mais si, par chance, l'une d'elles est accessible et renferme des lingots d'or, d'une part, le bois sera rongé par les vers, et d'autre part, le reste sera recouvert de corail. Or, il est illégal d'endommager cet organisme vivant !

— Autant n'y plus penser, quoi, en conclut Bobby. C'est mission impossible !

— Il est vrai que la plupart des chasseurs de trésors prospectent des décennies entières pour, au final, pas grand-chose. Il existe pourtant des exceptions. Avez-vous entendu parler d'un certain Mel Fisher ? Il a renfloué deux galions, dans les Florida Keys. Il y en avait pour des centaines de millions de dollars d'or et de bijoux.

David émit un sifflement admiratif.

— Il a tiré le gros lot, ce gars !

— Si on veut... L'État le poursuit en justice,

car il n'a pas forcément le droit de conserver un trésor englouti.

— Peut-être, mais il a de quoi s'offrir les meilleurs avocats...

La richesse : le but ultime de David. Pour un artiste, l'argent représente la liberté. Plus besoin de se soumettre aux diktats du marché, plus de compromis. Un photographe financièrement à l'abri peut se passer d'apprendre à travailler les couleurs... Un sérieux avantage, pour David. Et adieu, la plongée !

Les enfants demeuraient un si long temps sous l'eau qu'ils s'amélioraient sans cesse, le moins doué d'entre eux y compris – David, en l'occurrence.

— Même un babouin finirait par y arriver s'il y consacrait autant de temps que nous ! décréta Stella, insidieuse.

À l'entendre, les seuls à maîtriser l'art de la plongée étaient elle, l'Anglais, et le commandant Cousteau – probablement dans cet ordre. Ce qui mettait les nerfs de Bobby en pelote.

« Elle nous méprise tous, songeait-il avec rancœur. Mais je lui ai sauvé la vie, moi, dans ce bombardier, et elle n'a jamais daigné me remercier ! »

En fait, Stella admirait les progrès du jeune hockeyeur. Il péchait par la technique, mais ses capacités naturelles dénotaient une force extraordinaire, de la résistance, et un contrôle parfait. En plus, il pouvait retenir son souffle une éternité ! Une fois, Adriana avait sectionné son tuyau par mégarde et Bobby l'avait aidée à regagner la surface en partageant son détendeur avec elle. Il n'avait jamais perdu son calme, et n'avait pas pris plus de deux bouffées d'air au cours de l'ascension. Ça ne s'inculquait pas, ça... surtout pour un rat de patinoire !

En revanche, là où ça ne passait pas, c'était avec les requins. Même un petit squale, sous l'eau, semblait menaçant. Sans oublier le fameux requin tigre qui squattait l'endroit... à moins que Vanover ait tout inventé pour les taquiner !

Tous les quatre jours, les apprentis plongeurs faisaient relâche afin d'éliminer les résidus d'azote accumulés dans leur organisme. Ces pauses étaient l'occasion pour eux d'apprendre à mieux se connaître. La tournure étrange qu'avait prise leur stage les avait rapprochés, ce qui ne serait sans doute jamais arrivé autrement.

L'institut mettant des VTT à leur disposition, ils explorèrent les différents villages de Saint-Luc. Plages et criques frangeaient la petite île en abondance. Ils se baignaient beaucoup, à cause de l'implacable chaleur.

Au début, Stella peina à vélo. Mais dès que Bobby suggéra aux autres de ralentir, la jeune handicapée accéléra soudain, les laissant tous à la traîne.

— Finalement, il suffit de lui dire qu'elle est une incapable, et Stella fait des prouesses ! jeta Bobby.

Alors qu'ils suivaient la côte ouest, le panorama, à l'horizon, changea du tout au tout : d'immenses plates-formes de forage fleurissaient sur la mer, enjambant l'eau comme des arceaux de croquet géant. Les hautes tours d'acier déchiraient le ciel, à des centaines de mètres au-dessus des vagues... un spectacle irréel, dans un décor sauvage.

— Ça doit être là que travaille l'Anglais, suggéra Bobby d'une voix impressionnée.

Nager au pied de ces énormes derricks devait être absolument terrifiant... pour tout le monde, sauf pour Loïc.

La mer n'intimidait pas le jeune colosse. Elle n'aurait jamais osé...

CHAPITRE X

— Je ne sais pas... fit Marina, hésitante, il doit y avoir pas mal de courant, juste en dessous...

— Bof, et après ? bâilla Stella.

Et elle plongea.

L'océanographe se tourna vers Bobby, David et Adriana.

— Vous serez reliés au Brownie mais, sans ligne d'ancre, on dérive vite et on ne s'en rend pas compte, avertit-elle d'un ton inquiet. Et surveillez bien Stella. L'excès de confiance en soi est souvent dangereux...

— On ne la quittera pas des yeux, promit Bobby en enfilant son masque. Mais ne le lui répétez pas, surtout !

Et il se jeta à l'eau, Adriana à sa suite. David les imita aussitôt, mordit son détendeur, dégonfla son gilet compensateur, et amorça la descente. À quelques pieds seulement, le courant, plus fort, l'emmena sans recours vers l'arrière.

« Ne pas paniquer, pensa-t-il en se remémorant son initiation, au Canada. Continuer la descente... »

En effet, à une trentaine de pieds de profondeur, l'océan se calma. Le jeune garçon remarqua alors l'absence de vie, autour d'eux...

Les algues se balançaient mollement sur les coraux ornés d'anémones, mais le foisonnement de poissons, si caractéristique des Hidden Shoals, avait disparu.

Il adressa un coup d'œil interrogatif à Adriana qui haussa les épaules, aussi étonnée que lui.

Soudain, un tumulte, au-dessus de leur tête, les surprit. On aurait dit une vague hyper-rapide, un courant en rouleau levant des gerbes d'écume mousseuse. David empoigna son appareil photo mais se trouva entraîné dans une spirale qui le fit virevolter sur lui-même. Alors, à travers le viseur, il vit une silhouette fantomatique surgir du brouillard d'embruns.

Une paire d'yeux curieux, un long museau arrondi...

« Un dauphin ! »

Non, pas *un* dauphin... mais tout un banc de dauphins, qui sillonnaient le récif dans une cacophonie de rires stridents et de claquements de bec. Impossible de dénombrer les mammifères avec précision : vingt, trente peut-être. Le spécimen venu examiner David de près se mit à lui tourner autour à toute vitesse, avant de rejoindre ses congénères en un éclair.

« Voilà pourquoi les poissons se cachent ! songea le garçon. Les dauphins sont en chasse ! »

Il commença à les photographier. Les côtoyer était une expérience envoûtante. Rien à voir avec les aquariums, ou les parcs à thème. Ici, les dauphins *vivaient*, leur nature éclatait. Ils n'avaient rien de menaçant, au contraire. Celui qui s'était amusé à l'approcher semblait même espiègle, comme s'il voulait le taquiner : « Hé, vieux ! Qu'est-ce que tu fiches dans mon océan ? Tu nages super-mal ! »

David regretta de ne pas avoir de caméra. Des clichés statiques ne rendraient jamais la gaieté et l'entrain des dauphins. Et puis les animaux se mirent à se lancer une conque vide, de rostre à rostre[1]... Ils jouaient au ballon !

« Comme des humains », s'émerveilla le jeune photographe.

Tout à coup, l'un d'eux lui envoya la conque en plein dans les mains. Il la rejeta dans le groupe. Elle repartit vers Adriana. Incroyable ! Quand David lâcha le coquillage, l'un des grands cétacés le réprimanda même d'un cri aigu. Une partie de volley inoubliable !

Stella ne voulait pas les laisser repartir si vite.

1. Rostre : nom donné au museau, ou bec, des dauphins. *(N.d.T.)*

Elle parvint à se cramponner à la nageoire dorsale de l'un d'eux. D'abord interdit, le dauphin se prêta avec plaisir au petit jeu de la jeune fille. Il accéléra, et emporta Stella pour un rodéo sous-marin... entraînant par la même occasion Bobby, David et Adriana dans son sillage ! Forcément ! Ils étaient reliés les uns aux autres par le Brownie !

« Oh, mon Dieu... songea David, ils sont dingues ! Ils se croient à la fête foraine, ou quoi ? ! »

Le récif défilait à une allure vertigineuse... et David ne vit pas l'écueil de calcaire arriver.

CHAPITRE XI

David s'écrasa contre la colonne de corail. La secousse stoppa brutalement le Brownie et éjecta Stella du dauphin. Le petit groupe de cétacés poursuivit sa course sans les adolescents et disparut au loin en moins de trois secondes.

Les plongeurs se rassemblèrent autour de David qui flottait mollement sur le ventre, son appareil photo pendant autour du cou. Il était conscient. Derrière son masque, il écarquillait les yeux, examinant attentivement le sable.

Pour lui, de par sa vue singulière, c'était comme un dessin en pixels ; pas une image concrète, une image en « sous-impression », totalement invisible pour ses compagnons. Il devina la silhouette de l'objet, sous les diverses couches de polypes coralliens. Un objet enterré là depuis des centaines d'années, un objet oublié...

Alors, David vida un peu son gilet et descendit vers le fond marin. Les autres le suivirent, sans comprendre ce qui l'attirait là... Cœur battant, il empoigna son ardoise, manqua la laisser tomber et écrivit enfin :

« ANCRE. »

Bobby, Stella et Adriana le dévisagèrent avec perplexité.

« Eh bien, quoi ? aurait voulu hurler David. Vous êtes aveugles, ma parole ! Elle est juste là, sous votre nez ! »

Ils ne la verraient jamais, avec leur vision « ordinaire ». Comment faire ? Avec le temps, les couches de corail se transformaient en véritable roc, David ne pouvait donc espérer en extraire l'ancre. Par contre, il pouvait creuser la partie ensablée... À peine commença-t-il que l'eau cristalline se troubla de milliers de particules.

Bobby, Stella et Adriana l'observaient sans piper mot, se demandant si le choc reçu par leur ami ne lui avait pas endommagé la cervelle... Quand Bobby voulut le retenir par le bras, David le repoussa vivement, bien déterminé à leur montrer sa découverte.

Soudain, ses doigts heurtèrent quelque chose de rigide...

— Bingo ! s'exclama-t-il dans son détendeur.

David se saisit de la main gantée de Bobby et l'appliqua contre le métal granuleux, tandis que Stella dissipait le sable en suspension à l'aide de l'une de ses palmes. Ils aperçurent alors une épaisse barre métallique percée d'un solide anneau en son sommet : la verge de l'ancre. Une petite pastille noire flottait à côté...

« Un morceau d'acier détaché... » présuma David en le fourrant dans sa sacoche. Preuve irréfutable de l'existence de l'ancre ! Puis, repensant aux bouées de balisage, il décida de marquer l'endroit afin de le retrouver sans problème. Il fixa donc la balise à l'anneau et envoya le ballon à la surface. Tous le suivirent, prenant garde à ne pas remonter plus vite que les bulles de leur respirateur.

Durant leur ascension, ils croisèrent quelques poissons, sortis en éclaireurs afin de s'assurer du départ des dauphins. La vie du récif reprenait son cours normal.

Les enfants émergèrent à portée du *Ponce de León* ; Stella agita les bras en haletant :

— Hé ! Par ici !

— On a trouvé un truc ! ajouta David.

Marina sauta sur la plate-forme de plongée du navire et les aida à se hisser à bord. Elle fronça les sourcils.

— Vous n'avez pas posé beaucoup de balises, reprocha-t-elle.

— C'est qu'on a trouvé mieux qu'une grotte ! s'écria David. Carrément une ancre ancienne !

En entendant cela, Cutter et Reardon se précipitèrent vers eux sur le pont.

— Une ancre... Vous en êtes bien sûrs ?

— C'est ce que vous cherchez, avec votre détecteur de métal ? fit Adriana en ôtant ses palmes.

Les trois océanographes se jetèrent un coup d'œil embarrassé. Marina leur expliqua :

— Nous n'avons pas menti. Simplement, notre sonar fait *aussi* fonction de magnétomètre. Notre carte du récif devra comporter le relevé des minéraux.

— Bon, alors, et cette ancre ? s'interposa Reardon d'un ton bourru.

— C'est David, qui l'a repérée, expliqua Bobby, hors d'haleine. Elle est enterrée sous le corail. Elle est hyper-vieille !

— Attendez... J'en ai récupéré un bout...

— Un bout d'ancre ? répéta Cutter, incrédule.

— Oui, tenez ! C'est un fragment de métal, je crois. On pourrait le faire analyser pour le dater, non ?

Reardon réprima une exclamation lorsque Marina le fusilla du regard. Cutter, lui, s'éclaircit la gorge et articula :

— Autant vous le dire tout de suite, les enfants. Cette ancre, là-dessous, c'est celle du *Queen Anne's Revenge*...

— Le bateau de Barbe Noire ? s'étrangla Adriana.

Cutter acquiesça.

— Vous n'avez pas vu le film ? Harrison Ford jouait le rôle du plongeur qui tombait sur l'ancre, dans la vase...

— Quoi ? !

Les prunelles de Stella étincelèrent de rage.

— C'est encore un décor de cinéma ? !

— Hé oui ! Ils ont mis trois semaines à l'ensevelir...

— Mais notre ancre à nous, elle n'est pas dans la vase, raisonna Bobby. Elle est recouverte de tonnes de corail !

— Le film remonte à plus de sept ans, tu sais, ajouta Marina. Et le corail se forme avec une rapidité époustouflante !

Adriana, les poings sur les hanches, s'écria :

— Je vous signale que le *Queen Anne* n'a pas coulé dans les Caraïbes, mais aux îles Carolines ! Alors, je me demande bien pourquoi ils ont tourné leur film ici !

— À l'écran, tu ne vois pas la différence, répondit Cutter. La mer, c'est la mer ! J'imagine que ça coûte moins cher de filmer dans des eaux tièdes et limpides...

David poussa un gros soupir de déception ; il allait lancer le morceau de pacotille par-dessus le bastingage, quand Reardon se rua pour le lui arracher des mains.

— Je peux le garder, ton morceau de métal ? Harrison Ford est mon idole !

— J'en ai marre ! éructa subitement Stella. Dites-le-nous tout de suite : Spielberg a construit une réplique de l'Atlantide près des derricks ou quoi ?

Marina éclata de rire.

— Il n'y a pas de honte ! Vous vous en sortez admirablement, les enfants. Vous devenez même des plongeurs de premier ordre ! Arrêtez juste de rêver à des trésors imaginaires !

— Exact, approuva Cutter. Ces fonds marins ont déjà été largement explorés et tout ce qui était de valeur a été récupéré depuis des décennies. Il n'y a plus rien à trouver, croyez-moi !

Dans son coin, cependant, Chris Reardon ne lâchait pas des yeux le fragment métallique...

11 AOÛT 1665

Les asticots infestent depuis longtemps les provisions de fruits du Griffon.

— Mange, jeune Samuel, ordonne York, le barbier de l'équipage. Les larves préserveront tes dents !

Samuel ferme les yeux et mord avec courage dans la pomme gâtée. Il sent les vers se tordre sur sa langue et s'empresse d'avaler, combattant la nausée. York connaît son affaire. Il cumule les responsabilités à bord, et officie également en qualité de soigneur, apothicaire[1] *et dentiste.*

— Gare au scorbut[2]*, petit ! Il te bousille d'abord les gencives, ensuite, l'esprit, et tu finis par en mourir !*

1. Apothicaire : pharmacien. À cette époque, il n'était pas rare que le barbier d'une petite communauté en soit aussi le médecin. *(N.d.T.)*

2. Scorbut : maladie (courante lors de longs voyages) due au manque d'aliments frais, dont l'un des signes est la perte des dents. *(N.d.T.)*

Au début de la traversée, chaque homme avait eu droit à quelques fruits, qu'il devait consommer avec parcimonie. Mais les imprudents ayant gaspillé leur part souffrent maintenant de ce mal implacable. Édentés, le corps perclus de douleur, ils chancellent sur le pont du trois-mâts, n'assumant leurs corvées qu'au prix de moult difficultés.

Certains ne luttent même plus, prostrés dans leur hamac, le regard vide. Des quatre-vingt-deux marins et trente-quatre rescapés du Viscount, *ne restent plus que soixante hommes valides. Depuis quatre mois, le scorbut, la fièvre, l'Atlantique en furie ont eu raison des autres, et l'odeur âcre de la mort s'ajoute à l'effroyable puanteur du navire...*

On en est à deux ou trois funérailles par jour, à présent. Les cadavres privés de suaire sont livrés à la mer...

Si l'officier ne manque jamais une séance de fouet, il dédaigne en revanche les obsèques.

— Un capitaine a mieux à faire que nourrir les poissons ! claironne-t-il.

Il n'est pas d'heure sans que Samuel ne se maudisse d'avoir sauvé James Blade. Plus ils approchent du Nouveau Monde, plus il abhorre son capitaine. Ce dernier le traite cependant avec davantage de considération. Il a chargé le barbier de veiller de près sur le jeune mousse que tous nomment désormais « Porte-Veine ».

Un jour, Samuel apprend les sombres desseins du Griffon. *Piller les trésors des galions espagnols, remplir la cale d'or et d'argent volés !*

Le soir venu, oubliant la fatigue et ses muscles endoloris, il se rue chez le capitaine Blade. L'officier consulte justement le livre de bord de l'un de ses prédécesseurs Un outil très précieux !

— Sir ! s'égosille le mousse, les hommes mentent, n'est-ce pas ? Ce n'est pas possible, nous ne sommes pas de... de vulgaires pirates ? !

— Pirates ? hurle James Blade, le visage empourpré de colère.

Et brandissant le manche en corne de son fouet, il frappe si fort Samuel à la tête que le garçon perd connaissance.

Il s'éveille plus tard à l'infirmerie. York soigne l'entaille, sur son crâne.

— Conseil d'ami, jeune homme, recommande le barbier en souriant. Ne parle jamais de pirates devant le capitaine Blade ! Une chance qu'il t'ait à la bonne, moi, je te le dis !

— C'est pourtant ce que nous sommes, se lamente Samuel. De misérables pirates ! Des pilleurs, des assassins !

— Écoute, petit. Nous œuvrons pour la Couronne, nous sommes mandatés par le monarque en personne ! Nous avons le droit, non, le devoir, de disséminer les flottes ennemies.

Samuel fronce les sourcils.

— Et qu'apportons-nous à l'Angleterre, en les dépouillant de leurs trésors ? demande-t-il.

— L'or permet d'acquérir des navires, de former des soldats, d'acheter mousquets et canons ! C'est la guerre,

je te le rappelle ; la richesse est gage de suprématie. La Royal Navy n'a pas trop de bâtiments pour les envoyer aux quatre coins du Nouveau Monde, alors, c'est notre lot à nous, les patriotes, les corsaires du roi ! Nous sommes porteurs de lettres de marque nous enjoignant d'attaquer ces maudits Hollandais !

Le jeune mousse n'y comprend rien. Il bafouille :

— Mais... les hommes, dans la cale... Ils parlaient de trésors espagnols, pas hollandais... ?

— Exact, petit. C'est une calamité, pour nous autres, que Sa Majesté ait signé la trêve avec les Ibères ! Seulement, l'océan est vaste, et les cours européennes bien loin d'ici, si tu vois ce que je veux dire. Une erreur est si vite arrivée...Vaisseau espagnol ou hollandais, ça se ressemble beaucoup, tout ça. Et un trésor reste un trésor !

Là-dessus, York le barbier passe un bras autour des épaules de Samuel, qui grimace de dégoût : l'individu empeste, avec ses vêtements souillés de sang séché, et son haleine ferait s'évanouir un phoque.

Il ajoute :

— Sache encore, Samuel, que nul or ne brille plus que celui des Espagnols...

CHAPITRE XII

Bobby avançait cahin-caha sur les planches reliant le bâtiment principal du Poséidon à la petite marina. À quatre heures quarante-cinq, un maigre quartier de lune et une poignée d'étoiles ne l'éclairaient guère.

Soudain, son sac de plongée tomba sur le dock. Il se pencha pour le ramasser et fouilla le sol à tâtons, dans l'obscurité. Son couteau glissa de son fourreau et se planta droit dans le bois vermoulu. Un peu plus, et c'était son pied qui prenait !

En râlant, Bobby s'empressa de rassembler son équipement. Les hockeyeurs transportaient toujours un tas de matériel... Pourquoi était-il si empoté, ce matin ?

— Bobby ! C'est bien toi ?

David lui adressait de grands signes, sur le port illuminé.

Bobby courut jusqu'à lui.

— Ah, David... Mais... où est le bateau ?

— Envolé, mon vieux.

— Tu rigoles... ?

Il scruta les chaloupes et navires à quai : pas de *Ponce de León*.

— Il est peut-être en révision, suggéra David.

— C'est ça. Ils vérifient la pression des pneus !

— Garde tes sarcasmes, Bobby. Les bateaux aussi, ça va au garage !

— Quel garage ? demanda brusquement Stella en les rejoignant, sac à l'épaule, Adriana sur les talons.

— Oh non ! gémit cette dernière devant la place vide du *Ponce de León*. Ils n'ont pas recommencé ? !

— Je disais justement que le bateau était peut-être au hangar, répéta David.

Stella plissa le nez.

— Ouais... Eh ben, dans ce cas, je veux l'entendre de la bouche même de Cutter !

Elle jeta ses affaires à terre et retourna vers l'institut d'un pas assuré, malgré sa boiterie. Les trois autres la suivirent sans broncher ; ils ne connaissaient que trop cette expression déterminée sur le visage de la frêle jeune fille.

Seul Bobby risqua un léger :

— Heu... tu sais, si le bateau est en révision, Cutter doit dormir...

À quoi elle répliqua d'un ton sec :

— C'est bien le cadet de mes soucis !

Et elle alla frapper chez le chef d'équipe. Pas de réponse. Ils se rendirent alors aux labos, où Ted Cutter partageait un bureau avec Reardon et Marina.

Stella poussa la porte entrouverte et alluma. Personne. La table de travail croulait sous des piles de cartes et de données électroniques. Dans un verre plein, le fragment circulaire de métal... Une odeur chimique s'échappait du liquide transparent. David approcha, et roula des yeux comme des soucoupes.

L'échantillon avait littéralement changé d'aspect : la solution dans laquelle il trempait avait dissous la couche noire qui le recouvrait. Le métal étincelait ! David n'en revenait pas : l'objet, en argent pur, était estampillé d'un dessin érodé, une sorte d'écusson.

— Ce n'était pas un bout de l'ancre enfouie ! souffla-t-il, médusé. Non mais... vous voyez ce que je vois ? !

— Une pièce de monnaie ancienne ! fit Stella.

— Mieux que ça ! s'exclama Adriana. C'est une pièce de huit !

— De huit *quoi* ? !

— Huit réals, une pièce espagnole. Ça remonte à des centaines d'années, ils en ont des tas, au Brtitish Museum. Au dix-septième siècle, c'était la monnaie la plus utilisée au monde !

David s'anima subitement.

— Et ça a de la valeur, ce machin ?

— Pétard ! cracha Stella. Elle a trois cents ans, cette babiole... Tu imagines ?

— C'est surtout un morceau d'Histoire, rectifia Adriana. L'argent de cette pièce provient d'Amérique du Sud. Les mineurs étaient des descendants des Incas. C'est inestimable !

Bobby secoua la tête.

— Et dire que j'ai failli la jeter par-dessus bord !

— Non, Bobby. Reardon veillait au grain. Tu te souviens, comme il s'est rué sur toi pour la récupérer ?

— Il savait, ce sale menteur, pesta Stella. Tout comme Cutter ! Un décor de cinoche, mon œil ! On a trouvé un vrai trésor, oui... Et ils veulent nous le faucher !

— On n'a qu'à le leur reprendre ! décréta David.

— Génial, ironisa Bobby. Tu comptes rapporter l'ancre sur ton dos et la cacher dans ton tiroir à chaussettes ?

David fit la moue. Son ami reprit :

— Nous devons officiellement homologuer notre découverte *à notre nom*. Allons demander conseil à Gallagher !

En arrivant à son bureau à huit heures tapantes, ce matin-là, le professeur Gallagher eut la surprise de trouver les quatre adolescents endormis sur le palier.

— Bonjour ! lança-t-il assez fort pour les réveiller.

Les enfants bondirent sur leurs pieds, et le chercheur fronça les sourcils. Son caméraman s'amusait à filmer la scène. Bobby recouvra le premier ses esprits.

— Professeur ! s'exclama-t-il aussitôt. On a un problème. Nous avons repêché cette pièce...

— Une pièce de huit, appuya Adriana juste avant que David enchaîne :

— Et l'ancre, alors ! C'est moi qui l'ai vue ! Je croyais que c'était un morceau qui s'en était détaché, d'ailleurs, cette pièce, et...

— Chris Reardon nous l'a volée ! interrompit Stella.

— En fait, on la lui a laissée, corrigea Bobby. Mais on pensait que c'était une fausse ancre, aussi, alors...

Ils parlaient tous en même temps, et le savant ne comprenait pas la moitié de ce qu'ils disaient. Au moins, constata ce dernier, le caméraman ne filmait plus. Gallagher se racla la gorge et déclara :

— Ce que vous ne semblez pas saisir, jeunes gens, c'est que cet institut abrite des dizaines de projets indépendants, chapeautés par autant de scientifiques. Je gère le Poséidon, mais je n'ai aucune autorité pour intervenir dans le cadre des projets eux-mêmes.

Les stagiaires le dévisagèrent d'un air perplexe. Le savant résuma :

— Votre chef, c'est Ted Cutter. Moi, je ne peux rien. Adressez-vous à lui.

— Mais c'est impossible, justement, puisque... commença Bobby.

Gallagher venant de remarquer que la caméra tournait à nouveau, il afficha un large sourire et déclama :

— Ah ! Vous représentez l'avenir de l'Océanographie avec un grand O ! Sachez-le !

Sur quoi, il s'engouffra dans son bureau avec le caméraman et claqua la porte derrière eux. Furieux, Bobby tendit la main vers la poignée. Stella l'arrêta.

— Oublie ça, mon vieux. Ce type est un crétin. Il ne pense qu'à se faire filmer !

Découragés, ils regagnèrent le port afin de récupérer leurs affaires. David, accablé, s'assit sur un pilier.

— Tu parles d'un été ! grogna-t-il. J'ai bien envie d'attraper le prochain catamaran pour la Martinique, direction l'aéroport, et bye-bye ! Pour les photos que je prends, de toute manière...

— Oui, soupira Adriana. Je rentrerais bien chez moi aussi... si seulement mes parents étaient là !

Stella croisa les bras sur sa poitrine, la mine renfrognée :

— Eh ben, moi, les gars, je ne suis pas une mauviette. Je me battrai !

— Aucun d'entre nous n'est une mauviette, rétorqua Bobby. Ce sont juste des paroles en l'air. Ne me fais pas croire que tu n'es pas déçue par ce stage, quand même !

— Vous imaginez ce que je ressens ? geignit David. La pièce qu'ils ont fauchée, c'était la mienne ! Sans compter que j'ai trouvé l'ancre aussi et...

— Tiens, au fait... le coupa Stella. Comment se fait-il que tu l'aies vue, cette ancre ? Et l'épave de l'avion ? Nous, on ne voyait rien !

David baissa la tête, gêné.

— J'ai peut-être une meilleure vue que vous...

— Arrête ! D'habitude, tu vois la mer violette !

— N'importe quoi... C'était une erreur, en développant les photos...

— Et les bouteilles ? Tu as confondu les étiquettes rouges et les étiquettes vertes...

Alors, David n'y tint plus. Il explosa :

— Okay, vous voulez la vérité ? Pour moi, il n'y a pas de bleu, pas de rouge, pas de vert ni rien. Je souffre d'achromie, voilà ! Le petit prodige de la photographie ne voit qu'en noir et blanc !

Passé la stupeur provoquée par cette révélation, Bobby murmura :

— Et... comment cette anomalie t'a-t-elle permis de distinguer une ancre enfouie sous le corail ?

— Logique. Là où vous ne décelez que de la

couleur, moi, je vois des tas de gris différents, comme un croquis au fusain. Mes yeux compensent ; ils se concentrent sur le relief des choses, leur texture, les ombres... J'ai vu se dessiner la silhouette de l'ancre, sous le corail, comme on aperçoit la silhouette d'une personne cachée sous un drap. Pour moi, c'est évident, pour vous, c'est indécelable.

Adriana haussa un sourcil interrogateur.

— Mais alors, David... Pourquoi veux-tu prendre des photos en couleurs ? Le résultat ne sera jamais correct !

— J'espérais pouvoir m'en sortir... relier certains tons de gris avec les couleurs correspondantes. Mais c'est impossible. Le comble du handicap, pour un photographe, non ?

— Ce n'est pas un handicap, c'est un don ! tonna Stella, puis elle ajouta d'un ton moqueur : Pauvre petit David qui voit ce que les autres ne voient pas !

Au même moment, un bateau siffla deux fois, dans leur dos. Ils se retournèrent : le *Hernando Cortés* rentrait au port. À la barre, le capitaine Vanover leur adressait de grands signes de la main. Adriana s'écria :

— Hé, mais j'y pense ! Si Gallagher refuse de nous écouter, sûrement que Vanover acceptera, lui ! Depuis le début, il nous défend. On devrait lui raconter, pour la pièce de huit !

— C'est ça, fit David avec cynisme. Comme ça, il pourra la voler à Cutter et la garder pour lui ! Non, écoutez : Vanover est sympa, d'accord... mais Marina aussi ! Et elle nous a menti de la même façon ! Ce que je veux dire, c'est qu'actuellement on ne peut faire confiance à personne !

Bobby acquiesça.

— Il a raison. C'est une histoire entre nous et Cutter.

Le *Cortés* accosta et ils aperçurent l'Anglais sauter sur le quai afin de l'amarrer. Il ne leur jeta pas le moindre regard... ce dont ils se félicitèrent.

Du cockpit, Vanover héla :

— Bonjour, les gosses !

Il inspecta rapidement les alentours, nota leur matériel de plongée, et l'absence du *León*. Il parut choqué.

— Dites-moi que ce n'est pas vrai ! déplora-t-il.

— Eh si ! cracha Bobby. Ils nous ont posé un lapin. On était là avant cinq heures, et Cutter et les siens avaient déjà levé l'ancre !

— C'en est trop ! tempêta le marin. Prenez vos affaires et embarquez. Je vous conduis à Cutter.

Quand l'Anglais revint de la capitainerie, il fut consterné de trouver les quatre stagiaires à bord avec Vanover, prêts à appareiller.

— Capitaine... Pourquoi encore eux ?

— Du calme, Loïc ! Nous ne leur servirons que de taxi, d'accord ? Cutter ne s'en tirera pas comme ça, cette fois !

L'Anglais sembla sceptique. Il insista :

— Ils ne plongent pas ? C'est promis ?

— Pas avec nous, Loïc ! sourit Vanover. On demande à la capitainerie les coordonnées du *Ponce de Léon*, on les y conduit, et on rentre !

CHAPITRE XIII

Le *Cortés* naviguait à sept milles de la côte Saint-Luc, lorsque retentit la détonation, dans le lointain.

Vanover et l'Anglais échangèrent un regard inquiet, et le capitaine accéléra les machines. Au large, une telle déflagration indiquait généralement l'explosion d'un moteur...

L'Anglais s'installa donc au gouvernail tandis que Vanover se précipitait en salle de radio.

— Allô, *Ponce de León*, ici *Hernando Cortés*, me recevez-vous ? Bill, nous venons d'entendre un sacré boum ! Êtes-vous OK ?

Pas de réponse. L'officier réitéra l'appel, en vain. Il remonta sur le pont, et l'Anglais mit les gaz. Bobby, Stella, David et Adriana se cramponnèrent au bastingage, le visage grave. Était-il arrivé malheur à Cutter et à son équipage ?

Enfin, le *León* se détacha, point minuscule, à l'horizon. Vanover empoigna ses jumelles.

— En tout cas, constata-t-il, il est en un seul morceau ! Et il ne brûle pas... Par contre, je ne vois personne à bord...

Ils étaient à environ quatre cents yards par tribord devant, quand la radio crachota :

— Allô, ici Bill Hamilton, capitaine du *Ponce de León*. Brad Vanover, est-ce vous ?

— Affirmatif, Bill. Que se passe-t-il ? Pourquoi ne répondiez-vous pas ?

Cutter reprit la communication.

— On est débordés, Vanover ! Le moteur vient de faire un retour de flamme incroyable !

— Un simple retour de flamme ? On aurait dit une bombe !

— On est en train de vérifier les machines, mais il n'y a pas de doute. Merci, Vanover...

— Une minute, Cutter ! J'ai une surprise, pour vous. Quatre surprises, que vous avez oubliées à quai ce matin !

— Oh oui, les gosses... On a largué les amarres si tôt, je n'ai pas eu le cœur de les réveiller...

— Eh bien, ils ne dorment plus, maintenant, et je vous les amène !

— Mauvais plan, Vanover, bredouilla Cutter. Le compresseur est vide, impossible de plonger.

— J'ai des bouteilles pleines, je vous les laisse.

Après un silence embarrassé, Cutter, à bout d'arguments, céda.

— Bon, eh bien... j'attends les gosses...

Les navires étaient à présent assez proches l'un de l'autre pour distinguer Marina, Reardon et

Cutter, sur le pont. Reardon, à la poupe, pêchait toujours... drôle d'occupation principale pour un océanographe ! Si les enfants n'avaient pas été occupés à enfiler leur combinaison, ils auraient noté les cheveux trempés de l'homme. Il sortait manifestement de l'eau...

Enfin, les quatre stagiaires se jetèrent à la mer, afin de rejoindre le *León* à la nage.

— N'ayez pas peur de Cutter et n'hésitez pas à dire ce que vous pensez ! les enjoignit Vanover en les saluant. Le Poséidon vous a recrutés, vous avez le droit de participer !

— Ça, je vais râler, comptez sur moi, marmonna Stella entre ses dents serrées.

— À quoi bon ? souffla Bobby. Cutter nous ment depuis le début...

Du *Ponce de León*, Marina les interpella :

— Salut, les gosses ! Montez vite à bord, on s'en va !

Stella enfila son masque en grognant :

— Moi, je plonge. J'ai bien l'intention de découvrir ce qu'ils trafiquaient dans les parages... Des volontaires ?

— Je t'accompagne ! s'écria Adriana.

— Et Marina ? se tourmenta David. Qu'est-ce qu'on va lui dire ?

— Qu'on ne l'a pas entendue, tiens ! susurra Stella. Sa voix ne porte plus, la pauvre... je ne l'entendrai peut-être même plus jamais !

Elle mordit dans son détendeur, dégonfla son gilet et s'enfonça dans les flots tandis qu'Adriana l'imitait.

« Bizarre... songèrent les jeunes filles. L'eau est drôlement trouble... Qu'est-ce qui a bien pu la salir comme ça ? On n'y voit pas à deux mètres ! »

Tout en descendant, Stella surveillait les battements de palmes d'Adriana, au-dessus de sa tête. Elles se perdraient en moins de rien, dans cette boue épaisse ! Ce n'était sûrement pas le retour de flamme d'un moteur qui avait soulevé autant de sable et de vase !

Quarante pieds de profondeur. L'œil rond d'un barracuda perça une seconde la purée de pois, au nez de Stella, puis le poisson s'enfuit dare-dare.

Soixante pieds. Mince ! Elles n'atteindraient jamais le fond, ou quoi ? L'obscurité quasi complète le leur masquait totalement. La lumière ne perçait plus, à cette profondeur. Stella se sentait seule, désorientée. Sans l'ascension des bulles d'oxygène de son respirateur, elle ne saurait même pas dans quelle direction remonter.

Soudain, elle sentit ses palmes frotter quelque chose... Le récif ! Enfin ! Elle régla son gilet compensateur et attrapa Adriana avant qu'elle ne trébuche.

Masque contre masque, les filles se fixèrent du regard un moment, perplexes.

Comment comprendre ce que trafiquait l'équipe de Cutter, dans une pareille opacité ?

Elles nageaient à la parallèle de la bande de corail, à seulement quelques centimètres des écueils. Brutalement, le récif s'interrompit, comme déchiqueté.

Stella écarquilla les yeux. Un cratère d'environ quatre mètres de diamètre éventrait la ligne de corail ! Elle se positionna juste au-dessus du trou et scruta l'intérieur. Des monceaux de coraux brisés l'emplissaient...

La voilà, l'explication ! Le soi-disant problème de moteur de Cutter... c'était en réalité un bâton de dynamite !

Stella bouillait de rage. Quel genre de scientifiques massacrerait ainsi le corail ? Il s'agissait d'organismes vivants, pas de roches ! Des millions de polypes morts, qui mettraient des décennies à se régénérer... En plus d'une catastrophe écologique, c'était carrément illégal : le corail est classé espèce protégée partout dans le monde !

Cela n'avait aucun sens...

Et puis, tout à coup, elle comprit. Elle venait d'apercevoir la silhouette d'acier rouillé, parmi les décombres... L'ancre de David ! La bouée de balisage avait été enlevée, mais c'était bien elle, leur ancre !

« Les hypocrites ! » s'étrangla Stella.

Adriana la tira par la manche. Elle en était arrivée à la même conclusion. Le puzzle se mettait en place et tout devenait limpide : le détecteur de métaux, les grottes à marquer, histoire d'éloigner les stagiaires « gêneurs »... Pas étonnant qu'ils aient immédiatement identifié la pièce en argent, ils s'y connaissent, ces chasseurs de trésors !

Brusquement, un battement de palmes d'Adriana dispersa un amas de débris, révélant un objet lisse, d'une blancheur éclatante, dans l'eau brouillée. Stella tendit la main et le ramassa.

Cela ressemblait à un manche, le manche d'une arme... Il était gravé et poli. Un travail d'orfèvre !

Les filles échangèrent un regard éloquent. David, doué d'une vue particulière, aurait-il mené Cutter et sa bande vers ce qu'ils recherchaient ?

CHAPITRE XIV

— Elles n'avaient pas l'autorisation de plonger ! fulmina Marina. Je vous ai demandé d'embarquer !

Pour la première fois, la jeune femme se fâchait. Bobby s'excusa :

— On n'entendait pas !

— Allez les chercher immédiatement ! aboya-t-elle, hors de ses gonds. Et dépêchez-vous, on a un planning à respecter !

Bobby inspecta sous l'eau, avec son masque, puis il releva le visage vers la surface.

— C'est tout trouble, aujourd'hui, David. Il va falloir suivre la chaîne d'ancrage, sinon, on risque de se perdre...

Sur quoi, ils rejoignirent la proue du *Ponce de León*. Marina explosa :

— Nous n'avons pas toute la journée, je vous signale !

Un sifflement sec emplit subitement l'atmosphère. Reardon avait fait une touche, et sa ligne automatique se dévidait à toute vitesse. Son appât secret – une pâtée de calmar et de pizza froide – venait de ferrer un gros spécimen !

Avant que Bobby ait pu dire « ouf », la ligne s'enroula autour de lui, lui emprisonnant le bras droit.

« Pas de panique ! » se recommanda le garçon. Entraîné sous l'eau par le poisson furieux, il enfourna rapidement son détendeur.

Dans la pénombre vaseuse, il plissa les yeux, tâchant de discerner l'animal qui le tractait ainsi. C'était un énorme mérou d'au moins deux cents kilos ! Crocheté à l'hameçon, il se débattait avec frénésie. Et plus il luttait, plus la ligne se resserrait autour de Bobby...

« Je ne fais pas le poids, réalisa le garçon tandis qu'il fusait entre les vagues. Je dois me libérer... »

De la main gauche, il saisit le manche de son couteau de plongée, dans son fourreau, contre sa cuisse droite. Mais le mérou exécuta au même instant une brusque embardée, et la violence du mouvement obligea Bobby à lâcher son arme.

« Quelque chose finira bien par stopper ce maudit poisson ! » s'encouragea-t-il.

Et, en effet, la chance, une espèce de torpille géante, surgit droit devant eux, ouvrant une gueule béante... qu'elle referma sur le mérou, le sectionnant en deux. La ligne de pêche se détendit aussitôt autour de Bobby. Paralysé de terreur, il demeura immobile...

La torpille, là, c'était un requin ! Un requin tigre ! Dentu !

Incapable de réagir, le jeune plongeur se laissait doucement couler, fixant les immenses mâchoires occupées à lacérer la chair visqueuse de la malheureuse victime. À cette profondeur, la couleur du sang, filtrée par l'eau de mer, paraissait verdâtre.

Bobby tremblait de tous ses membres. Il avait quitté son foyer, le hockey, voyagé jusqu'aux Caraïbes... tout ça pour mourir.

En touchant le fond sablonneux, il fut quasi soulagé et se sentit presque en sécurité. Le squale continuait à s'acharner sur le mérou. Tant qu'il y aurait du sang dans l'eau, l'instinct de Dentu le pousserait à dévorer comme un affamé.

Secoué de spasmes nerveux, Bobby se recroquevilla sur le sable. Il n'avait aucun plan, ne réfléchissait plus. Pas même au fait que sa bouteille se vidait inexorablement et qu'il risquait de s'asphyxier...

Tout ce qu'il lui importait, c'était de se soustraire à cette fantastique machine à tuer...

David perça soudain la surface, cracha son détendeur, inspira une grande goulée d'air frais et tenta de hurler, mais les mots se bloquèrent dans sa gorge. Il balaya les alentours d'un regard éperdu, et se mit à nager en direction du *Cortés*. Quand il est question de vie ou de mort, on se tourne de préférence vers quelqu'un de confiance...

Une silhouette émergea brusquement en travers de son chemin, et il poussa un cri d'effroi. Stella !

La fillette ôta son masque en rouspétant :

— Quel boucan ! Figure-toi qu'avec Adriana, nous avons découvert ce que Cutter manigance...

— Dentu ! trancha David. Le requin ! Il est là !

Là-dessus, la tête d'Adriana sortit à son tour de l'eau. Stella sursauta avant de bégayer :

— Et Bobby ? Où est-il ?

— Au fond, il ne bouge pas ! Je ne pouvais rien faire, avec le requin...

Déjà Stella fonçait vers le *Cortés* en s'égosillant :

— Capitaine ! Au secours !

Vanover et l'Anglais se précipitèrent à la plateforme de plongée et s'empressèrent de hisser les enfants à bord.

— Que se passe-t-il ? Où est Bobby ?

David haletait en s'exprimant :

— Le requin... Il ne l'a pas mordu mais Bobby est tétanisé, immobile...

L'Anglais s'empara d'une bouteille d'oxygène, Vanover l'arrêta.

— C'est certainement Dentu, Loïc... Mieux vaut utiliser la cage.

— Je ne suis pas une poule mouillée, moi, capitaine, se renfrogna le guide.

— Et si le gosse est blessé, Loïc, s'il saigne ? Vous devez emprunter la cage anti-requin, pour lui.

L'Anglais grogna alors un vague « d'accord ». Ils perdirent un temps précieux à fixer la cage en titane au winch électrique. Enfin, l'Anglais entra à l'intérieur et ferma la grille qui claqua de façon sinistre.

Vanover fit osciller la cage par-dessus le plat-bord en précisant :

— Les signaux, en tirant sur la corde, sont : une fois pour descendre, deux fois pour monter, trois fois pour stopper. Vu ?

Et il enclencha le treuil.

La cage s'enfonça dans les flots.

L'Anglais se sentait parfaitement à l'aise sous l'eau. Dans son métier, il plongeait souvent à plus de mille pieds, une pression de trente atmosphères. Il ne craignait rien des fonds marins, et cette cage l'embarrassait au plus haut point. Il aurait dû se douter que ces ados américains le fourreraient dans un tel pétrin !

La mauvaise visibilité, pour le moins inhabituelle dans cette mer limpide, lui mit la puce à l'oreille. Un requin, même un requin tigre, n'aurait jamais soulevé autant de vase. Non, la cause de ce désordre, c'était autre chose.

À travers les barreaux, il essaya en vain de repérer le squale et Bobby. Lorsque la cage se posa sur le sable, l'Anglais tira trois fois sur la corde, selon le signal convenu, puis il sortit.

Ne portant pas de ceinture lestée, le guide devait fournir de gros efforts, pour se maintenir au fond.

Cela allait vider rapidement sa réserve d'oxygène. Il ne fallait pas qu'il tarde.

Les minutes s'égrenèrent, interminables, sans qu'il trouve trace du garçon.

Il faillit le manquer de peu. Bobby restait allongé sur le ventre, comme s'il tentait de s'enfouir dans le limon. Dans sa combinaison noire, l'Anglais l'avait presque confondu avec un éventail marin.

Bobby était sur le point de mourir de peur quand le guide l'attrapa soudain sous les aisselles afin de le remettre sur ses pieds. Loïc Lefort n'était pas du genre à gâcher sa salive, surtout sous l'eau.

— Viens, se contenta-t-il d'ordonner dans son détendeur.

Bobby se cramponna au bras du colosse, bien décidé à ne pas le lâcher. Ce lest permettrait à l'Anglais de regagner plus facilement la cage.

Le guide possédait sans doute un sixième sens, car à l'instant même où le squale les prit en chasse, il le sut. On n'apercevait rien encore, dans l'eau opaque, mais le prédateur les traquait... et Loïc sentit son regard impitoyable planté sur eux.

— Plus vite ! cracha-t-il alors à Bobby.

La silhouette massive se rapprochait toujours plus près...

Les deux plongeurs battaient mécaniquement des palmes, accélérant l'allure, fuyant comme des fusées vers leur abri de titane.

Derrière son masque, Bobby avait tout de l'animal aux abois.

Enfin, les contours de la cage se dessinèrent au loin. Mais Dentu aussi apparut dans leur dos. Mâchoires entrouvertes, il ondulait, menaçant, prêt à attaquer... et il gagnait du terrain.

Redoublant de vitesse et de puissance, l'Anglais atteignit la cage et poussa Bobby à l'intérieur. Puis il s'y engouffra et s'agrippa aux barreaux afin de refermer la grille...

La gueule béante surgit alors des ténèbres !

CHAPITRE XV

Les mâchoires du requin tigre claquèrent sur la grille dans un crissement métallique. Ses dents mordaient férocement l'acier. Il secouait la tête comme un diable, ébranlant la cage, envoyant valdinguer ses occupants contre les barreaux. Impossible de refermer la grille.

À bord du *Hernando Cortés*, voyant la corde bouger, Vanover en conclut que son collègue demandait à remonter. Il actionna le treuil et la cage commença son ascension.

Le squale ne renonça pas pour autant et se laissa emporter, suspendu à la grille ouverte. L'Anglais lui flanquait de grands coups de palme dans le museau.

Redoutant d'être éjecté de l'habitacle, Bobby se cramponnait aux barreaux, en proie à une horrible peur panique.

Vanover se pencha sur le winch électrique qui peinait en couinant.

— C'est normal, ce bruit ? s'inquiéta David.

— Seulement en cas de charge beaucoup plus lourde... répondit le capitaine d'un ton perplexe.

À la poupe, Stella guettait la cage.

— Attendez... Si, ça y est, elle arrive !

Les autres se ruèrent alors au bastingage. La surface de la mer bouillonnait d'écume, à l'approche de l'abri en titane.

La cage émergea brusquement.

— Oh, mon Dieu ! souffla Adriana, le requin tigre est agrippé à la grille...

Maintenant hors de son milieu naturel, Dentu se débattait, fou de colère, son aileron dressé vers le ciel. Il mordait la cage de plus belle.

Ni une ni deux, Vanover s'empara d'une perche et entreprit de frapper le squale à la tête. Stella l'imita, visant pour sa part l'abdomen blanc de l'animal. David lui jeta sa canette de soda dans une nageoire pectorale. Mais rien ne semblait décourager la ténacité du requin.

Bobby, tétanisé, se tenait toujours aux barreaux, respirant dans son détendeur bien qu'il fût à l'air libre.

Proférant juron sur juron, l'Anglais se débarrassa de sa bouteille de plongée et la balança de toutes ses forces dans l'œil du prédateur frénétique. La douleur lui fit enfin ouvrir l'étau de sa gueule, et il retomba dans un splash ! monumental. Le *Cortés* tangua dangereusement.

Dentu tourna deux fois autour du bateau, son

aileron fendant les flots... avant de disparaître. Au soulagement général, Vanover tracta la cage par-dessus le plat-bord et la posa sur le pont. L'Anglais en sortit Bobby, lui arracha le respirateur de la bouche et lança :

— Ça va, garçon ? Pas de bobo ?

Le jeune hockeyeur opina du chef. Il avait les jambes en coton, mais il s'efforça de demeurer debout.

— Vous... vous m'avez sauvé la vie ! bredouilla-t-il.

Le guide haussa les épaules d'un air affligé et dit, sarcastique :

— La prochaine fois que tu voudras des sensations fortes, offre-toi un tour de montagnes russes, d'accord ?

Au même instant, la radio crépita en cabine.

— Allô ? Ici Cutter ! C'était quoi, ça ? Une baleine ? Pas de blessé ?

Vanover traversa la coursive et répondit sèchement :

— Allô, ici Vanover, tout va bien. C'est juste l'un de vos stagiaires, Ted. Il a failli se faire bouffer, mais pourquoi vous en soucier... ? Terminé.

Et il coupa la communication.

En haut, Adriana pointa l'index vers la cage et s'écria :

— Hé ! Regardez !

Tapie dans un angle, une petite pieuvre gris acier tentait désespérément de passer inaperçue.

— Nous vous devions une pieuvre, n'est-ce pas, Loïc ?

Le guide hocha la tête et cueillit sur les barreaux la frêle créature terrifiée.

— Tu as de la chance que je sois de bon poil, aujourd'hui, dit-il avant de la rendre à la mer.

Jamais encore les enfants n'avaient vu l'Anglais sourire ainsi !

— La dernière chose dont vous ayez besoin, jeunes gens, c'est de vous retrouver face à Cutter et à son équipe, annonça Vanover. Je vous ramène moi-même à l'institut !

— Surtout que Reardon doit être en rogne après moi, acquiesça Bobby. Il avait ferré un mérou gigantesque ! Je parie qu'il ne se rend même pas compte que son idiote de canne à pêche m'a transformé en appât du jour !

Le capitaine fronça les sourcils.

— Inutile de jouer les bravaches avec moi, Bobby ! Ne tourne pas les choses en dérision... Tu as vécu une épreuve terrible, le nier ne te mènera nulle part.

Il se leva, gagna la porte de la cambuse et ajouta avant de quitter la pièce :

— Maintenant, soit tu raccroches tes palmes pour de bon, soit tu replonges dès demain. À toi de décider.

— Il a raison, tu sais, c'est un sacré choc ! enchaîna David quand ils se retrouvèrent entre eux, avec les filles. Comment pourrais-tu remettre un pied dans l'eau, après ça ? Même moi, je ne suis pas sûr de replonger, et pourtant, je n'y étais pas !

— N'importe quoi ! railla Stella. C'est rarissime, comme accident ! Normalement, ce genre de requin passe son chemin en t'ignorant, je te signale. Renoncer à la plongée à cause de ça, ce serait comme ne plus monter en voiture parce que Lady Di s'est tuée dans un accident de la route !

— N'empêche que Dentu, il traîne dans le coin... rappela David.

La fille leva les yeux au ciel.

— Ça fait des années, qu'il vit là, ce requin... et personne ne s'en plaint ! Bobby est tombé sur lui à l'heure de son repas, c'est tout. Un hasard malencontreux.

— Mais quand même ! insista le jeune photographe.

Bobby trancha alors soudain :

— Je continue.

— Tu devrais peut-être réfléchir encore un peu, conseilla Adriana.

— Je continue la plongée, répéta Bobby sans ambages.

Stella avait évoqué un « accident rarissime ». C'est ainsi que les médecins avaient qualifié son interception dramatique de Drew, à la patinoire... Un malheur imprévisible. « Craindre que cela se reproduise, ce serait admettre mon entière culpabilité... » pensa Bobby.

C'était simple, en fait. Évident.

— Ne vous inquiétez pas, ajouta-t-il à l'intention de ses amis. Tout ira bien.

— Dis-moi, tu assures, toi, le rat du hockey ! fit Stella presque à contrecœur. Maintenant, vous ne me croirez pas, mais j'ai mieux à raconter que cette histoire avec Dentu !

— On voit que ce n'est pas toi qui as failli lui servir de déjeuner ! rétorqua Bobby.

— Sérieusement, écoutez ça : le *Ponce de León* était posté juste au-dessus de l'ancre de David !

— On l'a vue de nos propres yeux, précisa Adriana.

— Et comment donc ? s'étonna le photographe. Elle est enterrée sous des tonnes de corail !

— Plus maintenant, Cutter a dynamité le récif ! C'est pour ça que l'eau était si trouble, expliqua Stella.

Bobby secoua la tête.

— Un scientifique ne ferait jamais ça, voyons !

— Eh bien, mon vieux, figure-toi que Cutter, Marina et Reardon, ces espèces de voleurs, sont des chasseurs de trésors !

— Mais bien sûr ! s'exclama Bobby. Tout s'explique ! Vous avez entendu Cutter, à la radio ? Il demandait si c'était une baleine qui nous attaquait !

— Ça ne colle pas, marmonna David. Pourquoi ils auraient engagé quatre stagiaires, dans ce cas ? On ne peut que les gêner...

— Nous sommes sans doute leur couverture, suggéra Adriana. Cutter et sa bande viennent de Californie, n'oubliez pas. Pas de Saint-Luc. Ils peuvent fouiller le récif sans éveiller le moindre soupçon, s'ils ont pour prétexte notre stage d'été !

Stella renchérit :

— Et ils nous tiennent à l'écart en nous obligeant à marquer des grottes dont personne n'a rien à faire !

— Ils nous ont choisis, nous, parce qu'ils nous croient trop mauvais plongeurs pour qu'on s'immisce dans leur découverte, ajouta Bobby.

— Ouais... À condition qu'ils en fassent une vraie, de découverte !

— Ça y est, David, c'est fait. Ou plutôt, *tu* l'as faite, cette grande découverte !

Stella sortit de sa poche le manche en corne gravé qu'elle avait ramassé dans les débris coralliens.

— La pièce en argent, l'ancre et à présent *ça*, jeta-t-elle. Et tous au même endroit... Qui osera me dire qu'on n'a pas mis la main sur une épave ? Elle est forcément toute proche !

Les garçons louchaient sur le manche en os de baleine. Un gros morceau de calcaire recouvrait la pierre sertie qui l'ornait, mais des initiales, juste au-dessus, étaient encore lisibles.

JB, en lettres anciennes.

28 AOÛT 1665

Le claquement sec du fouet de James Blade est un son familier à bord du Griffon. *Comme le déchirement des chairs lacérées par le cuir huilé et les hurlements des infortunés marins... l'émeraude scintille sur le manche gravé de l'instrument de torture favori du capitaine.*

Le supplicié du jour est Clark, le second du maître de manœuvre. À travers ses effroyables gémissements, c'est son vieil ami Evans que Samuel entend, son ami mort.

Blade frappe à coups redoublés, quand un cri, du gréement, l'arrête dans son élan :

— Terre !

Cela marque la fin du martyre de Clark. Tous, comme pris de folie, se précipitent au bastingage, chacun avide d'apercevoir la frange brune à l'horizon. Après quatre mois en mer, à subir privations et humiliations, l'équipage brisé du galion atteint enfin les rives du Nouveau Monde. Sur un navire nauséabond, des hommes en haillons chantent et dansent tels des enfants.

Le capitaine empoigne sa longue lunette, examine le rivage et s'exclame, triomphant :

— Portobelo, par tous les saints ! À quelques encablures de la côte !

Rugissement de joie parmi les hommes amassés au plat-bord. York passe sa main malpropre dans les cheveux en bataille du jeune mousse en exultant :

— Traverser le vaste océan et toucher terre à une portée de canon de sa destination, c'est un miracle, Higgins ! Comme d'atteindre au mousquet un trou de serrure situé à une demi-lieue de distance !

Samuel palpe les quelques sous, au fond de la poche de ses hauts-de-chausses. De bien modestes gages pour ces interminables semaines en mer ! Plus d'argent cependant que l'orphelin n'en a jamais possédé au cours des treize années de sa jeune existence.

— Un bon bain ! dit-il, en riant. Voilà ce que je vais d'abord m'offrir. Et du pain, aussi, une miche bien fraîche et sans asticot !

— Serais-tu simple d'esprit, Samuel ? aboie York, l'air ahuri. Ce bourg est la dernière escale de la flotte marchande espagnole ! Il n'est pas d'endroit plus riche au monde ! Nous ne sommes pas venus nous y promener, mon garçon. Nous allons les piller ! Voler leurs trésors, et mettre la ville à sac !

Retrouve vite
Adriana, Stella, Bobby et David
avec cet extrait du tome 2

Le trésor

CHAPITRE PREMIER

Les récifs des Hidden Shoals, au large de l'île Saint-Luc, en mer des Antilles, appelée aussi mer des Caraïbes, comptent parmi les plus spectaculaires de la planète. C'est une explosion de couleurs : turquoise vif du poisson perroquet, magenta électrique des algues, jaune fluo du snapper rouge... Autant de merveilles que l'œil de David Lewis ne pouvait percevoir.

Le jeune photographe souffrant d'achromie ne voyait qu'en noir et blanc. En revanche, les matières, les reliefs, les contrastes qu'il discernait lui permettaient de distinguer ce qui échappait à une vision normale.

Avec trois camarades, il participait au stage de l'institut océanographique Poséidon afin d'apprendre à rattacher les différentes nuances d'ombres et de gris, qu'il percevait, aux véritables couleurs. Sans grand succès jusqu'ici.

Il consulta sa montre de plongée : quarante

brasses de profondeur, indiquait-elle. Aujourd'hui, il espérait photographier une « langue de flamant », ce mollusque grignoteur de corail qui ressemble à une grosse limace rose pêche à taches orange.

— Une limace grise à taches grises, oui ! bougonna David. Et il n'y a pas de risque que ça change...

Soixante brasses, et pas encore le fond...

Le jeune garçon se sentait prisonnier sur cette île minuscule perdue au milieu de nulle part. Et cela durerait tout l'été ! La plongée constituait l'unique distraction du coin, et il n'en raffolait vraiment pas. Il avait même failli en mourir ! Et tout cela pour une flore et une faune désespérément grises.

En revanche, des fortunes dormaient dans ces eaux... nichées dans des galions coulés des siècles auparavant. Avec ses compagnons de stage – Adriana, Bobby et Stella – il avait déjà trouvé une pièce de huit[1] en argent pur. Une pièce de monnaie vieille de trois cents ans, d'une grande valeur. Mais Ted Cutter, leur chef d'équipe, se l'était appropriée, et les enfants étaient dorénavant bien décidés à ne plus lui faire confiance.

Quatre-vingts brasses. David n'était encore

1. Pièce de huit : monnaie ancienne équivalant à huit réales. Plus précieuses que les doublons, ces pièces en argent étaient utilisées dans les colonies espagnoles. *(N.d.T.)*

jamais descendu aussi bas... C'est alors qu'il remarqua l'éclat argenté.

Cœur battant, il dégonfla un peu son gilet compensateur et commença à descendre vers l'objet mystérieux. Il devait ramasser cet objet brillant. Ses palmes touchèrent enfin le fond sableux. Il se pencha sur sa trouvaille...

« Triple andouille ! Une canette de soda ! Tant pis ! »

David se sentait très calme. D'habitude, plonger l'angoissait, mais il commençait à gagner en confiance.

Soudain, un poisson lion aventureux s'approcha de lui : une explosion d'épines, de nageoires évanescentes, de rayures colorées. Sous le charme de l'apparition gracieuse, David tendit la main vers l'animal lorsque... Stella Ling fondit sur le jeune photographe, le saisit à la taille et l'obligea à reculer. Elle agita un index réprobateur, sortit son ardoise et traça rapidement : « POISON ! »

David plissa les yeux, l'air ahuri. Il voyait ce qu'avait écrit son amie, mais il ne parvenait pas à le lire... L'ivresse des profondeurs venait de s'emparer de lui. À partir d'un certain palier, sous l'eau, l'azote respiré devient nocif. En se dissolvant dans le sang, il provoque un effet similaire à l'alcool...

« Cette Stella, pesta David. Quelle rabat-joie ! Le poisson lion s'est enfui... Mince, qu'est-ce que j'ai chaud, avec cette combinaison ! Comme si on avait besoin de ça aux Antilles ! »

Et sous le regard horrifié de la jeune fille, il abaissa le zip de son vêtement afin de se déshabiller ! Il perdait le sens des réalités : en réalité, sa combinaison ne lui servait pas à se réchauffer, mais à se protéger des piqûres du corail et autres créatures maritimes venimeuses.

Ni une, ni deux, Stella ceintura son compagnon et s'agrippa à lui afin de lui faire cesser cet effeuillage intempestif. David se débattait entre ses bras comme un diable : torse nu, les manches vides de son habit battaient contre ses cuisses...

Stella aperçut le requin à ce moment-là.

Achevé d'imprimer sur les presses de

BUSSIÈRE

GROUPE CPI

à Saint-Amand-Montrond (Cher)
en septembre 2005

POCKET – 12, avenue d'Italie – 75627 Paris Cedex 13 – Tél. : 01-44-16-05-00
– N° d'imp. 053335/1. –
Dépôt légal : octobre 2005.

Imprimé en France